1+X职业技能等级认证培训教材

前厅运营管理

（初级）

主编 ◎ 北京首都旅游集团有限责任公司　执行主编◎ 宋扬　匡家庆　栗书河

中国旅游出版社

本书编委会

前言

为贯彻落实《国家职业教育改革实施方案》（国发〔2019〕4号）和《关于在院校实施“学历证书＋若干职业技能等级证书”制度试点方案》（教职成〔2019〕6号）等文件精神，稳步推进1+X证书制度试点的相关工作，北京首都旅游集团有限责任公司组织了若干来自全国知名院校和行业企业的权威专家，深度参与1+X前厅运营管理职业技能等级证书（初级）的教材编撰工作，力求以产教融合思维、多元治学格局进一步推动培养能够适应社会经济高质量发展阶段要求的高素质技术技能型人才。基于1+X证书制度要求，按照行业企业发展实际和岗位需求设计开发职业院校教材，对于进一步推动职业院校专业课程改革、实现课证融通，具有深远意义。

本教材由北京首都旅游集团有限责任公司主编，宋扬、匡家庆、栗书河担任执行主编，赵丹、韩鹏、杨镇武担任执行副主编，刘翠萍、谭金凤、穆林、王家祥等参与编写，按照1+X前厅运营管理职业技能等级证书要求编写，主要特色如下：

1. 融入了课程思政元素

“立德树人、德技并修”是职业教育的重要任务，1+X前厅运营管理职业技能等级证书（初级）教材通过职业素养教育模块将课程思想政治教育与技术技能培养融合统一，正式纳入酒店专业核心课程中，帮助学生树立正确的价值观和职业观，提升对酒店行业的认同感，打造个人核心竞争力。

2. 解决了中职、高职和本科学科教学目标重复问题

1+X前厅运营管理职业技能等级证书分为三个级别：初级、中级、高级，分别开发初、中、高级三本教材，内容有机衔接、层次清晰、依次递进，高级

别教材涵盖了低级别证书技能要求，一定程度上解决了我国长期存在的中职、高职和本科教学专业核心课程教学内容重复的问题，有利于酒店职业教育在人才培养上的一体化贯通。

3. 符合学生的基本认知规律

为帮助学生理解前厅运营管理专业知识，掌握前厅运营管理工作流程，教材根据学生职业技能发展路径设置了认知类、操作类和管理类三大任务，其中认知类任务包括职业素养教育；操作类任务包括对客服务、专项操作；管理类任务包括安全管理、客户关系管理、文案管理、质量管理，为学生从前厅一线服务人员到管理人员发展打下了坚实基础。

4. 体现职业岗位的工作逻辑

教材以典型工作任务分解工作模块，工作模块再分解子任务，逐层推进，符合学生对于岗位核心能力的掌握需求，让学生具备基本职业素养的同时，能够完成对客服务过程中的总机服务、礼宾服务、散客接待、团队接待等典型工作任务。

5. 符合学生的技能掌握规律

每个任务设置了知识准备，增进学生对基础知识的认知；根据典型工作任务设置了任务引入，激发学生学习兴趣；为完成工作设置了任务分析，为学生完成任务提供思路和方法；根据任务完成要求设置了任务实施，强化学生对酒店服务流程的理解；在任务结尾处设置了模拟实训，帮助学生复习、掌握重难点；最后根据学习内容设置任务考核，加深学生对专业知识和技能的理解应用。

6. 实现了岗课赛证融通

教材针对前厅职业岗位活动内容对从业人员工作能力水平的要求，引入了国内外酒店集团的工作规范和标准，整合了职业院校传统学科体系中的多门课程，融合了岗位、课程、比赛和证书等要求，并将当前酒店关于前厅运营管理的新知识、新技术、新工艺和新方法纳入其中，拓宽了学生的专业视野，提高了教材的普适性和拓展性。

教材开发历经数次会议研讨，听取多位行业企业权威专家、专业学者、骨干教师的意见，结合行业、企业的真实工作场景和任务不断进行内容完善和案例更新。本系列教材开发过程中得到了来自行业企业和院校的大力支持和帮助，在此一并表示感谢。

虽然我们力求体现创新实用等特色，但由于酒店行业发展迅猛，与1+X前厅运营管理职业技能等级标准相匹配的培训教材内容需要不断更新，教材出版后编者将密切关注酒店行业发展动态，及时修订和补充新内容。同时，由于编者水平有限，本教材难免存在不足之处，敬请广大读者和专家不吝指正，以便不断完善。

北京首都旅游集团有限责任公司

2021年7月

目 录

模块一

职业素养教育

酒店面向客人的关键时刻一般有6个：到店前、进大堂、办入住、到客房、入餐厅、办退房。前厅部位于酒店前厅，是客人抵达酒店最先接触的部门，是负责销售酒店产品与服务、组织接待工作、进行业务调度的综合性服务部门。前厅是展现酒店服务与形象的窗口，是给客人留下“第一印象”和“最后印象”的所在地。“立德树人”是职业教育的首要任务，因此职业素养教育模块是酒店从业者必须学习的内容。职业素养教育模块下设三个任务，初级员工完成职业角色认知学习任务后能够对岗位晋升路径有清晰认知、完成服务礼仪表现学习任务后能够运用服务礼仪完成对客接待服务工作、完成前厅服务语言使用学习任务后能够灵活运用前厅基本服务用语。

任务1　职业角色认知

证书技能要求

1. 了解前厅部组织机构、作用和任务。
2. 掌握工作任务职责、标准和职业守则。
3. 能够对岗位晋升路径有清晰认知。

任务概述

了解前厅部基本概念、前厅在酒店中的作用；掌握前厅组织机构和前厅部岗位职责说明书的基本内容；根据岗位说明书编制规范，完成前厅其他岗位说明书编制工作；根据酒店员工职业素养要求，完成自身职业素养评估和自身职业生涯发展的规划。

学习内容

1. 前厅部概念、作用和任务。

2. 前厅部组织机构。

3. 前厅部主要岗位职责和素质要求。

知识准备

1. 前厅部的定义

前厅部（Front Office）是负责招徕并接待宾客，销售酒店客房及餐饮娱乐等服务产品，沟通与协调酒店各部门对客服务的部门。

2. 前厅部在酒店中的作用

（1）前厅部是酒店业务活动的中心。客房是酒店销售最主要的产品，前厅部通过客房的销售来带动酒店其他各部门的经营活动。

（2）前厅部是酒店的形象代表。客人预订在前厅、入住登记在前厅、离店结算在前厅、投诉也找前厅，客人认为前厅就是酒店的代表，前厅部是酒店的营业窗口。

（3）前厅部是酒店的信息中心。前厅部通过收集、整理、分析和保存酒店经营的各种信息，不仅为客人提供需要的信息，还为酒店经营提供基础数据，起着协调全局的重要作用。

（4）前厅部是酒店建立良好宾客关系的主要部门。前厅部服务质量高低直接影响客人点评，客人点评分数又极大地影响潜在客户的购买决策，前厅部只有致力于建立良好的宾客关系，才能为酒店带来更多的生意。

3. 前厅部的主要任务

（1）销售客房。前厅部门的首要工作是销售客房，前厅客房销售工作主要由预订处和接待处负责，主要由客房推销、接待客人、办理入住登记、排房和房价确定五个方面组成。

（2）提供信息。前厅部是酒店活动经营的主要信息源，前厅部员工应该向宾客提供所需的各类信息，不仅满足客人需要，还可以扩大酒店服务或者产品的销售。

（3）协助对客服务。酒店客人在遇到问题时，把前厅看作酒店。前厅服务人员要衔接酒店前台、后台及管理部门与客人之间的沟通联络工作，减少客人等待时间，为客人提供“一站式”的优质服务。

（4）控制房态。前厅部要和客房部、工程部紧密合作，根据现在和未来客房销售状态，调整和部署客房管理工作；前厅部还要和销售部门紧密合作，共同预测房间销售进度，制订合理的房价，实现酒店收益最大化。

（5）提供系列对客服务。为了给客人最大的方便，前厅部还向客人提供了一系列的服务，如总机服务、行李及贵重物品保管服务、礼宾服务、散客接待、团队接待等。高质量的前厅服务会让客人对酒店产生良好、深刻的总体印象。

（6）负责客户账务。为了方便客人、促进消费，大多数酒店收银处负责建立客人账户、登账和结账等工作。前厅部每天负责核算和整理各营业部门送来的消费账单，方便客人离店时办理结账事宜，同时保证酒店的经济效益。

（7）建立客史档案。在为客人提供预订、入住、住店、离店服务时，前厅部取得了大量的一手资料并建立了客户档案。客人档案是酒店向宾客提供周到服务的依据，也是研究客源市场的重要来源。

（8）辅助决策。随着人民生活水平的日益提升，对于酒店服务和产品的质量要求越来越高，同时酒店竞品越来越多，这给酒店经营管理带来了巨大的挑战。前厅部是酒店前沿阵地，要及时整理酒店产品和服务销售情况、客源市场需求变化、竞争对手经营策略、近期大型活动情况等信息及时传递给酒店管理部门，为酒店经营发展战略决策提供参考依据。

4. 前厅部组织机构

（1）数字化科技成果对前厅部组织机构变革的影响。酒店规模越大，前厅部组织机构设置的管理层次就越多、工作范围就越广、分工也会越细致。随着数字化科技成果在酒店行业中的应用，原有的预订、入住登记、问讯和收银功能一起并入了前台。客人可以通过线上渠道迅速完成客房预订工作，也可以在大堂的自助机器上办理入住和离店手续，还可以在房间通过智能语音系统了解酒店提供的各类服务信息，这一切不仅提高了客人的满意度，还提高了酒店前厅部工作效率，更重要的是改变了前厅部组织机构，降低了酒店人力成本开支。

（2）前厅部组织机构模式。变革后的大型酒店前厅部组织机构中有部门经理级、主管级、领班级和员工级四个层次，现有的业务范围还有礼宾部、客户关系部、电话总机、商务中心和车队；中型酒店前厅部设有部门经理级、领班级和服务员级三个层次，业务范围比大型酒店少。小型酒店由店长管理，有时候一个店长会负责几家店面工作，在店长下面设置值班经理级、领班级和员工级三个层次，业务范围主要是前台、礼宾、电话总机，不同的岗位可能三合一，甚至是四合一。

5. 前厅部主要岗位职责

酒店根据自身特点确定了组织机构后，还要编制岗位说明书，列明岗位需要完成的主要工作、上下级关系、工作环境等重要信息。由于前厅部组织结构的不断变化，岗位说明书需要定期修订，使任职者明确自己的责任与权力，也作为招聘、录用、培训和评估的依据。前台接待员的岗位说明书如表 1–1 所示。

表 1–1　前台接待员岗位说明书

职位：前台接待员	级别：1 级
部门：前厅部	隶属：前厅部
汇报：前厅部主管	批准：总经理
职责范围： 与宾客建立和维护一种专业的关系，同时通过协调其他部门为客人提供优质、高效的服务。同时，根据工作流程为宾客办理入住、结账、外币兑换等手续 **工作范围：** 酒店前台 **主要义务与职责：** 1. 掌握酒店各项设施、功能及营业时间 2. 接待住店、来访宾客（包括团体客人、散客），为宾客办理入住登记手续、问讯服务、委托代办、结账收款等业务 3. 熟练掌握业务知识及操作技能，负责有关住房、房价、酒店服务设施的查询和推销工作	

续表

4. 清楚了解当天的客房预订和客人特殊要求的情况，并努力使客人成为会员 5. 熟悉掌握前台软件的操作，在规定时间内为宾客办理入住、结账手续 6. 掌握最新的房价、房型动态及其他相关部门的最新动态 7. 遵守酒店的相关财务制度和相关管理规定 8. 重视宾客的投诉，要尽最大努力答复 9. 迅速、准确地回答客人的问讯（包括介绍酒店服务信息、市内观光、天气、交通情况等） 10. 妥善处理宾客信函、包裹和留言 11. 熟悉安全和紧急事故的处理和预防程序并严格执行 12. 做好班次交接工作，每班结束要保证备用金的完整，认真填写各类账目表格和工作检查 13. 保证工作柜台的整洁，利用空闲时间打扫前台卫生 14. 理解和接受各类工作的调动 **教育程度：** 大专或高中以上文化程度 **工作经验：** 有酒店前台经验 **工作能力：** 有一定的协调能力、沟通能力 有紧急应变能力 思路清晰，对工作有认真的态度 **其他技能：** 熟悉酒店业常用的操作软件

任务引入

以小组为单位，调查当地高星级酒店前厅部，通过与酒店前厅部员工交流，了解岗位职责、任职资格等信息。要求：完成酒店前厅部岗位说明书的编制，总结归纳前厅不同岗位说明书的编制要求。

任务分析

岗位说明书内容需要包含以下内容：

（1）职位基本信息主要包括岗位名称、岗位等级、定员标准、直接上下级和分析日期等。

（2）岗位职责主要包括职责概述和职责范围以及具体工作内容和要求。

（3）岗位关系主要分为监督和岗位关系、工作权限。

（4）岗位环境主要分为劳动条件和环境以及工作时间。

（5）岗位任职要求分为资历、身体条件、心理品质要求以及专业知识和技能要求。

任务实施

要求：按照表 1–2 所示的岗位说明书格式，完成某岗位的岗位说明书编制工作。

▲工具：预备笔、岗位说明书等

▲场地：某高星级酒店

▲角色：前厅部工作人员

表 1–2　某岗位的岗位说明书

<table>
<tr><td>职位：</td><td>级别：级</td></tr>
<tr><td>部门：</td><td>隶属：前厅部</td></tr>
<tr><td>汇报：</td><td>批准：总经理</td></tr>
<tr><td colspan="2">职责范围：
根据酒店标准，负责……
工作范围：
主要工作区域为酒店的……
主要义务与职责：
1.……
2.……
3.……
……
教育程度：
……文化程度
工作经验：
熟悉……
具备……
工作能力：
……
其他技能：
……</td></tr>
</table>

拓展知识

前厅部人员的职业素养

前厅部工作具有工作内容庞杂、工作涉及面宽、专业要求高的特点，要想成为一名优秀的前厅部服务人员，必须具备以下职业素养：

（1）职业道德要求。前厅部服务人员必须品行端正，为人正直。酒店前厅工作会涉及客人隐私、酒店账务、会员卡销售提成等经营秘密，前厅部服务人员很容易利用职务之便为个人谋取私利，损害客人和酒店的利益，对自身职业生涯发展影响极坏，因此，前厅服务人员必须自觉加强品行修养。

（2）职业意识要求。前厅部服务人员要热爱前厅工作，要有强烈的工作责任感，要以作为酒店前厅部的一名员工感到自豪。前厅部服务人员一定要树立正确的服务理念，才能产生正确的服务行为。前厅部服务人员要有良好的服务意识，随时做好服务的准备，为客人提供优质服务。

（3）职业能力要求。

①良好的语言能力。除普通话外，前厅部服务人员必须会说一两种外语。

②较强的人际交往能力。前厅部服务人员要能和领导、同事、客人、业务单位人员处理各种关系，才能有利于工作顺利进行。

③较强的自我控制能力。面对客人的过激言行，前厅部服务人员要能在短时间内调整自己的不良情绪，学会自我控制，随时处于良好的工作状态。

④一定的销售能力。前厅的首要任务就是销售酒店产品和服务，前厅服务人员应掌握多种推销技巧。

⑤良好的记忆能力。为了给客人提供个性化服务，前厅服务人员要记住客人的姓名、兴趣和爱好，使客人有亲切感和被尊重的感觉。

⑥敏锐的观察力、敏捷的思维能力和较强的理解力。前厅服务人员能够在短时间内观察客人需求，积极思考、认真过滤和优化整合后做成正确的判断，准确抓住客人的心理，为客人提供最佳的服务。

⑦熟练的计算机和辅助工具操作能力。前厅服务讲究效率和实效，前厅服务人员要熟练使用前厅各类设备设施，要熟练运用前厅管理系统完成对客服务工作，要熟练使用办公软件完成记录、汇报和总结工作。

（4）职业规范要求。

①端庄大方的仪容、仪态。仪表要整洁，前厅服务人员工服整洁、无破损，挺括平整，鞋袜整洁一致，规范穿着工服，正确佩戴工牌。仪容大方，发型美观大方、梳理整齐；手部保持清洁，指甲修剪适中，不涂指甲油；面容清洁，男员工不留胡须，女员工化淡妆。仪态要得当，站立要自然大方、行走时步子要轻而稳，手势要得体。

②恰到好处的礼节礼貌。前厅部服务员称呼客人时应恰当使用称呼礼节；说话时应温和耐心，双目注视客人，并及时予以应答；与客人交流时，应注意与客人保持有效的距离；不要接受客人赠送的礼物。

模拟实训

1. 对比前厅部人员的职业素养，进行自我评估，写出一份评估报告，并在小组内开展互评。

2. 访谈前厅部经理，请其描述职业晋升路径，规划自身的职业发展路径。

任务考核

一、单选题

1. 酒店前厅部的首要工作是（　）。

A. 清扫客房　　B. 为客人提供洗衣服务

C. 制定岗位说明书　　D. 销售客房

2. 前厅部要和（　）部门紧密合作，共同预测房间销售进度，制订房价，实现酒店收益最大化。

A. 餐饮部　　B. 人力资源部　　C. 财务部　　D. 销售部

3.（　）列明岗位需要完成的主要工作、上下级关系、工作环境等重要信息。

A. 岗位职责书　　B. 岗位说明书　　C. 岗位任职资格书　　D. 岗位招聘书

4. 前厅服务人员（　）品行端正，为人正直。

A. 可以　　B. 必须　　C. 没必要　　D. 应该

5. 面对客人的过激言行，前厅服务人员要具备（　）的职业能力。

A. 良好的语言能力　　B. 较强的人际交往能力

C. 较强的自我控制能力　　D. 一定的销售能力

二、多选题

1. 前厅部受理的日常对客服务工作有（　）

A. 预订　　B. 入住登记　　C. 离店结账　　D. 投诉

2. 前厅部的主要任务有（　）

A. 提供信息　　B. 协助对客服务

C. 控制房态　　D. 负责客户账务

3. 前厅客房销售工作主要由（　）负责。

A. 礼宾部　　B. 预订处　　C. 接待处　　D. 车队

4. 为了方便客人消费，大多数酒店收银处负责（　）等工作。

A. 建立客人账户　　B. 登账

C. 结账　　D. 贵重物品保管

5. 随着数字化科技成果在酒店行业中的应用，原有的（　）功能一起并入了前台。

A. 预订　　B. 入住登记　　C. 问讯　　D. 收银

三、判断题

1. 在客人的心目中，前厅就是酒店。（　）

2. 前厅部的客房销售不能带动餐饮部门的经营活动。（　）

3. 前厅部收集的信息不够全面，不能为酒店经营提供基础数据。（　）

4. 客人点评分数极大影响了现有客户的购买决策。（　）

5. 客史档案是酒店向宾客提供周到服务的依据。（　）

参考答案

一、单选题：1. D　2.D　3. B　4. B　5.C

二、多选题：1. ABCD　2. ABCD　3. BC　4. ABC　5. ABCD

三、判断题：1. √　2. ×　3. ×　4. ×　5. √

任务 2　服务礼仪表现

证书技能要求

1. 了解前厅岗位服务流程。

2. 掌握前厅岗位服务礼仪规范。

3. 能够运用服务礼仪完成对客接待服务工作。

任务概述

根据前厅岗位规范要求，合理运用前厅岗位服务礼仪规范，完成对客接待服务工作，同时提升自我服务的能力和水平。

学习内容

1. 前厅岗位服务流程。

2. 前厅岗位服务礼仪规范。

知识准备

一、前厅岗位服务流程

前厅部作为酒店综合性的服务部门，具有涉及范围广、内容杂、工作量大、客我“高接触”的特点。是留给宾客第一印象和最后印象的所在地，直接反映酒店的整体服务质量。其对客服务流程如图 1–1 所示。

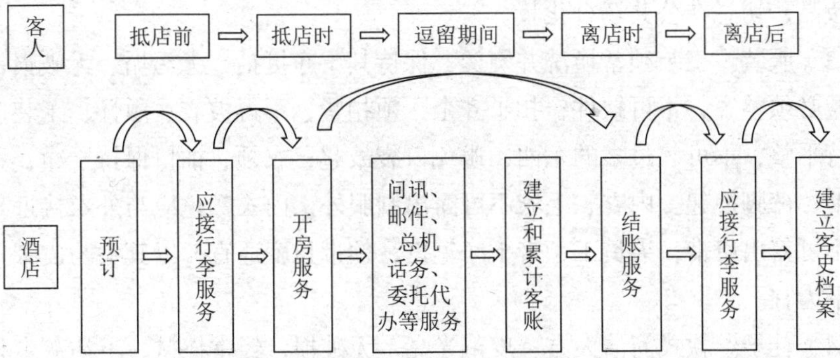

图 1-1　酒店前厅对客服务流程

二、前厅岗位服务礼仪规范

（一）良好的仪容仪态

前厅服务员代表酒店的形象，必须着装整洁、大方，面带微笑，讲究礼仪、礼貌，做到彬彬有礼，给人以清新、大方、亲切的感觉。在仪表、仪态上给客人留下管理有素、经营有方的印象。

1. 仪容仪表礼仪

仪容仪表包括人的容貌修饰、着装及精神面貌等方面，与一个人的道德品质、文明程度和修养水平有着密切的联系。

（1）头发。干净整洁、无头屑、无异味，不使用气味强烈的定型发胶以及喷雾，不染发，不留怪异发型。

①男员工。发型应以服帖短发为宜，长度应保持前不覆额、后不抵领、侧不盖耳、不留大鬓角。可适当喷少许发胶，避免头发蓬松、凌乱，不可光头。

②女员工。短发：前不过眉、侧不过耳、后不抵领，不得过于蓬松，须经常修剪以保持最佳状态。中发：前不过眉、后不过肩，两侧头发应收拢于耳后。长发：在工作时间内将头发用黑色皮筋束起，梳理整齐、服帖。并佩戴酒店统一的发网，发网佩戴端正、不歪斜、松垮。有不易梳理碎发者须使用黑色一字夹将碎发卡好。

（2）面部妆容。

①男员工：干净、整洁，保持面部干爽、无油光，不留胡须，不露鼻毛。

②女员工：干净、整洁，在工作时间内须化淡妆，不使用气味浓烈的香水

及化妆品，切忌在公共场合化妆。

（3）服装。工装须常换洗并熨烫，保持其干净挺括，无污垢、无破损；工装穿戴必须整齐，不可缺件；扣子齐全，须扣紧，不得披衣、敞怀；工装口袋应保持平整，不可装过多的东西，避免口袋鼓起；衣领、袖口保持干净，不可将衣袖、裤脚挽起。内衣、毛衣不可露出制服外，内衣颜色应与外衣接近。女员工不可露出肩带；男员工领带干净笔挺，领带长度适宜，以其尖与皮带扣下沿齐平为宜。

（4）鞋子。款式简洁大方，皮革光亮，无破损，经常擦拭，不沾灰尘和污渍。颜色以黑色为宜。

（二）热情、真诚的态度

前厅服务员在服务客人时必须具有良好的服务意识以及敬业、乐业精神和认真负责的工作态度，主动、热情地服务每一位客人，以真诚的态度感化客人。

1. 微笑礼仪

微笑可以将友好、融洽、和谐、尊重、自信的形象和气氛传染给客人，为成功的服务打下良好的基础。有礼貌的微笑是温馨自然的，是富有亲和力并扣人心弦的，真正的微笑是发自内心深处的微笑，是一种真情流露。

注视时间：3~5 秒在与宾客交流时，要注视对方，但时间不宜过长或过短，目光也不要突然移开。

注视区域：面部双眉到唇心的倒三角区域。要注意注视角度，一般以平视或仰视为主，以表示尊敬、注意倾听对方的谈话。

2. 致意礼仪

致意是一种常用的礼节，它表示问候之意。通常用于相识的人之间在各种场合打招呼。问候上应该诚心诚意，表情和蔼可亲。若毫无表情或精神萎靡不振，会给人以敷衍了事的感觉。

（1）目视宾客，面带真诚的微笑。

（2）欠身致意：在标准站姿的基础上，以腰部为轴，上身前倾约 15°，头、颈、背应保持在一条直线上。

（3）点头致意：在标准站姿的基础上，头部微向下，轻轻点头。

（4）挥手致意：在标准站姿的基础上，伸出右手，手指与头顶高度保持水平，自然挥动 2~3 次，挥动速度要适中。

3. 鞠躬礼仪

（1）行鞠躬礼时的距离：一般是在离对方 2 米左右的位置。

（2）在身体两侧，女士可双手叠放在腹前。以髋关节为轴，上身向前倾斜，使头、颈、背成一条直线。

（3）行鞠躬礼时的表情：鞠躬时目光应向下看，表示一种谦恭的态度，视线由对方脸上落至自己脚前方的相应位置，面带真诚的微笑，向宾客表示问候。

（4）鞠躬的幅度：可根据施礼对象和场合决定鞠躬的度数，一般见面时行 30° 鞠躬礼即可，90° 大鞠躬常用于特殊情况。

4. 握手礼仪

（1）行握手礼时，要身姿挺拔，双腿立正站好，上身略向前倾 15° 左右，以表示对对方的尊敬，与对方的距离掌握在 70~75 厘米。

（2）面带微笑，自然大方地伸出右手，伸手的高度保持在腰部位置，四指并拢、拇指张开，手掌与地面垂直，左手自然垂放在左侧。

（3）握手时要握住对方整个手掌，用力均匀，上下晃动两到三下，时间一般以 2~3 秒为宜，并结合相应问候语言。

（4）迎客时主动伸手，送客时则不可。

（5）与多人握手时，要讲究先后顺序。明确对方身份时，按身份高到身份低的顺序握手；不明确对方身份时，按距离近到距离远的顺序握手。

5. 手势礼仪

手势是人们在交往或谈话过程中用来传递信息的各种手部动作。在长期的社会实践过程中，手势被赋予了种种特定的含义，具有丰富的表现力。

（1）基本规范。五指并拢，掌心向斜上方，手掌与地面呈 135°，手与小臂成一条直线，大臂、小臂之间呈 130°；注意表情、站姿、语言和手势的配合。

（2）指示方向。以右手做动作为例，以肩关节为轴，右手向斜前方抬起，指向目标方向。

（3）请进手势。以右手做动作为例，右手向右展开到体侧，肘关节与腰间距离约两拳，上身略前倾，面带微笑，目视宾客。

（4）请坐手势。以右手做动作为例，右手以规范手势指向椅面，上身略前倾，面带微笑，目视宾客。

（三）规范、流畅的语言

前厅服务员必须掌握一至两门外语的基本会话，且发音标准、表达准确。还要具备规范、优美、流畅的语言，令人愉快的声调，恰当的措辞和灵活的语言技巧，不能过于随意。

（四）标准的行为举止

前厅服务员应该做到体姿标准、行为规范、举止大方。尽量避免或克服不好的习惯性动作，如嚼口香糖、工作场所吃喝、高嗓门叫喊、勾肩搭背、指手画脚等。

1. 站姿

良好的站姿会给人以精力充沛、信心十足、积极向上的印象，还能够给周围人带来蓬勃的朝气，更可以体现出酒店员工良好的素质及形象。

头部：端正向上，双目平视，下颌微收。

双肩：双肩放松后稍向下沉，呼吸自然。

上身：上身挺直，收腹、立腰、立背，身体有向上的感觉。

双臂：女员工应双手相握，右手搭在左手上，大拇指交叉放于掌心内，自然垂放于体前（或腹部）；男员工应双臂自然下垂，处于身体两侧，手指自然弯曲或将相握的双手置于背后，双臂肘关节内侧与腰间距离约一拳（此种姿态与宾客交谈时不可使用）。

双腿：女员工应双腿并拢，双膝收紧，两脚后跟靠紧，脚尖分开呈“V”形或丁字步站立；男员工应双腿打开，双膝收紧，双脚距离约一拳左右的宽度。

2. 走姿

基本要点：抬头挺胸，上身挺直，收腹提气，目视前方，双肩端平，双臂自然摆动，手指自然弯曲，身体中心略微前倾，注意步伐的协调和韵律感。步幅大小以一个脚长的距离为宜，步速适中，脚步不可过重、过急。

女员工：行走时轨迹为一条线，即两脚内侧在一条直线上，双膝内侧相碰。

男员工：行走时轨迹为两条线，即两脚内侧在两条直线上。

3. 坐姿

从椅子的左边入座，入座时要轻而稳，坐椅子的前三分之二位置，上身挺拔、收腹挺胸、双肩后展下沉；眼睛平视前方、面露微笑。

女员工：穿裙子时，入座前要将裙子捋平；膝盖并拢、双脚并拢或交叉；双手虎口相嵌自然叠放在两腿之上。

男员工：双脚分开与肩同宽，双手自然叠放在两腿的膝盖上。

4. 蹲姿

女员工：下蹲时一脚在前，另一脚稍后，两腿靠紧（或交叉）向下蹲。注意膝盖的方向不能朝着前方。

男员工：下蹲时一脚在前，另一脚在后，两腿垂直向下蹲。

（五）娴熟的业务技能

前厅服务员必须能够熟练、准确地按程序完成本职工作，工作的快速敏捷、准确无误也标志着酒店的管理水平。任何业务操作失误，不仅会给酒店造成经济损失，更重要的是会破坏客人对酒店的总体印象。

（六）灵活的应变能力

应变能力是前厅服务员所应该具备的特殊服务技能与素质。客人来自五湖四海，有不同的生活习惯、不同的知识与修养、不同的需求等，前厅服务员只有具备灵活的应变能力，才能妥善处理好这些问题，最大限度地提高客人满意度。

（七）广博的知识面

前厅服务员在业务中经常能碰到客人各种各样的提问，有时会涉及政治、经济、旅游、风俗、文化以及有关酒店情况等，前厅服务员只有具备较宽的知识面和丰富的专业知识才能为客人提供准确而真实的信息。

（八）高度的合作精神

酒店的服务就像一场又一场的接力赛，需要员工的集体合作。当接待员忙于接待时或因特殊情况离开工作岗位时，其他员工必须能够代替其工作，令客人满意。

任务引入

以小组为单位，分别按照岗位操作程序完成角色扮演。要求：按照礼仪规范完成面谈预订的工作任务。

任务分析

完成本任务的关键是熟悉面谈预订的程序和标准，能够综合运用服务礼仪完成面谈预订工作。提高客房的销售率，增加酒店的收入。

任务实施

要求：按照服务礼仪规范完成面谈预订工作（见表 1–3）。

▲工具：计算机、打印机

▲场地：前厅部预订处

▲角色：前厅部预订员、客人

表 1–3　面谈预订工作实施步骤

步骤（Steps）	标准（Standards）	提示（Tips）
1. 客到	● 礼貌问候，热情接待，微笑迎宾	● 注意建立良好的第一印象
2. 开展预订业务	● 认真倾听，适时记录 ● 快速反应，满足要求	● 对客人重点要求的内容应正确填写预订单，以免遗漏
3. 预订达成	● 核对预订，礼貌道别	● 注意耐心核对，以防出错

拓展知识

不同手势的含义

古罗马政治家西塞罗曾说："一切心理活动都伴有指手画脚等动作。手势恰如人体的一种语言，这种语言甚至连野蛮人都能理解。"手势作为仪态的重要组成部分，要正确地使用。在不同国家、不同地区、不同民族由于文化习俗的不同，手势的含义也有很大差别，甚至同一手势表达的含义也不相同。所以只有合乎规范地运用手势，才不至于闹出笑话。

1."OK"形手势

拇指、食指相接成环形，其余 3 指伸直或略屈，掌心向外，指尖向上的手势。这种手势在美国、英国和我国表示"赞同、了不起、顺利"的意思；在法国表示“零”或没有；在泰国表示“没问题”或“请便”；在韩国、日本、缅甸表示“金钱”；在印度表示“正确”“不错”；在突尼斯表示“傻瓜”；在巴西、希腊、独联体各国，表示对他人的咒骂和侮辱。

2. 举大拇指的手势

右手或左手握拳，伸出大拇指，指尖向上，拇指指肚要朝向他人。如果拇指肚朝向自己，表示自高自大。这种手势在我国和其他一些国家一般表示“好”“了不起”“一切顺利”等，有赞赏、夸奖之意；在希腊，拇指上伸表示“够了”，拇指下伸表示“厌恶”“坏蛋”；在美国、英国和澳大利亚等国，拇指上伸表示“好”“行”“不错”，拇指左、右伸则大多是向司机示意搭车方向。

3. “V”形手势

掌心向外，拇指按住无名指和小指，食指和中指伸开成“V”形，指尖向上的手势。这个手势在世界上的大多数国家表示数字“二”；同时，它也表示胜利（Victory），据说是第二次世界大战时期英国首相丘吉尔发明的，现已传遍世界。要注意的是，表示胜利时，掌心向外，如果掌心向内，有贬低、侮辱他人的意思。

4. 举食指的手势

左手或右手握拳，伸直食指，在世界上多数国家表示数字“1”；在法国表示“请求提问”；在新加坡表示“最重要”；在澳大利亚则表示“请再来一杯啤酒”。仪态中动作最多、变化最多的就是手势，它是非常引人注意的，也许仅仅一个拿茶杯或者打招呼的手势，就可以影响他人对你的印象。

模拟实训

1. 根据前厅部员工的服务礼仪规范要求，模拟完成接应宾客行李的工作。

2. 根据所学前厅部员工服务礼仪知识，模拟完成领班检查员工仪容仪表的工作。

任务考核

一、单选题

1. 仪容仪表包括人的容貌修饰、（　）及精神面貌等方面，它与一个人的道德品质、文明程度和修养水平有着密切的联系。

A. 着装　B. 体态　C. 服饰品牌　D. 饰品

2. 注视时间：（　），在与宾客交流时，要注视对方，但时间不宜过长或过短，目光也不要突然移开。

A. 1~2 秒　B. 2~3 秒　C. 3~5 秒　D. 5~10 秒

3. 握手时要握住对方（　），用力均匀，上下晃动两到三下，时间一般以2~3 秒为宜，并结合相应问候语言。

A. 整个手掌　B. 半个手掌　C. 指尖　D. 手指

4. 前厅服务员必须能够熟练、准确地按程序完成本职工作，工作的快速敏捷、准确无误也标志着酒店的（　）。

A. 星级水平　B. 业务水平　C. 收入水平　D. 管理水平

5.（　）是前厅服务员所应该具备的特殊服务技能与素质。

A. 业务技能　B. 外语水平　C. 应变能力　D. 行为规范

二、多选题

1. 前厅部作为酒店综合性的服务部门，具有（　）的特点。

A. 涉及范围广　B. 内容杂

C. 工作量大　D. 客我“高接触”

2. 男员工发型应以服帖短发为宜，长度应保持（　）。可适当喷少许发胶，避免头发蓬松、凌乱，不可光头。

A. 前不覆额　B. 后不抵领

C. 侧不盖耳　D. 不留大鬓角

3. 工装须常换洗并熨烫，保持其（　）无破损。

A. 干净挺括　B. 无污垢　C. 有香味　D. 无掉色

4. 请坐手势以右手做动作为例，（　）手以规范手势指向椅面，上身略（　）倾，面带微笑，目视宾客。

A. 左　B. 右　C. 前　D. 后

5. 前厅服务员应该做到体姿标准、行为规范、举止大方。尽量避免或克服不好的习惯性动作，如（　）、指手画脚等。

A. 嚼口香糖　B. 工作场所吃喝

C. 高嗓门叫喊　D. 勾肩搭背

三、判断题

1. 员工的鞋子应款式简洁大方，皮革光亮，无破损，经常擦拭，不沾灰尘和污渍。颜色以黑色为宜。（ ）

2. 前厅服务员必须掌握一至两门外语的基本会话，且发音标准，表达准确。（ ）

3. 女员工在行走时轨迹为一条线，即两脚内侧在一条直线上，双膝内侧相碰。（ ）

4. 从椅子的左边入座，入座时要轻而稳，坐椅子的前三分之一位置（ ）

5. 女员工下蹲时一脚在前，另一脚稍后，两腿靠紧（或交叉）向下蹲。注意膝盖的方向朝着前方。（ ）

（ ）

参考答案

一、单选题：1. A　2. C　3. A　4.D　5.C

二、多选题：1. ABCD　2. ABCD　3. AB　4. BC　5. ABCD

三、判断题：1. √　2. √　3. √　4. ×　5. ×

任务 3　前厅服务语言使用

证书技能要求

1. 了解前厅对客服务语言规范和专业术语。

2. 掌握前厅对客服务语言表达技巧。

3. 能够运用前厅基本服务用语。

任务概述

了解前厅对客服务基本用语、前厅专业术语；掌握前厅对客服务语言表达技巧；根据前厅对客服务语言规范，完成对客服务工作。

学习内容

1. 前厅对客服务基本用语。

2. 前厅专业术语。

知识准备

1. 前厅对客基本服务用语

前厅运营过程中，员工要正确规范使用服务用语，体现前厅良好的服务水平。

（1）称呼语。说礼貌用语前应先称呼客人，且尽量采用姓氏称呼，如“×× 先生”“×× 女士”“×× 主任”；称呼第二人称时，应称“您”，而不是“你”；称呼第三人称时，应称“这位（那位）先生 / 小姐”，而不是“他”/“她”。

（2）问候语。宾客来时要有迎客声，如“您好，欢迎光临”“您好”“早上好”“中午好”等。

（3）致歉语。麻烦宾客时要有致歉声，如“对不起，打扰了”“实在很抱歉”。

（4）致谢语。感谢宾客时可以说“谢谢您”“非常感谢您的理解”“非常感谢”。

（5）道别语。客人走时要有送别声，如“谢谢，请慢走，欢迎下次光临”“祝您一路顺风”“祝您旅途愉快”“再见”。

（6）服务常用语欣赏。

征询常用语，如“请问您贵姓”“请问怎么称呼您”“请问有什么可以帮您”“对不起，我没听清您的话，您再说一遍好吗”。

感谢常用语，如“感谢您的意见（建议），我们一定改正”“谢谢您的帮助”“谢谢您的光临”“谢谢您的提醒”“谢谢您的鼓励，我们还会努力”。

道歉常用语，如“对不起，这个问题我暂时无法解决，我请示一下稍后给您回复好吗”“对不起，请稍等，我尽力帮您联系”。

应答常用语，如“好的，马上就到”“请稍等，我就来”“好的，现在就为您办理”“不客气，这是我们应该做的”“很高兴为您服务”。

祝福常用语，如“祝您用餐愉快”“新年好”“祝您新婚愉快”“祝您早日康复”“祝您生日快乐”。

送别常用语，如“先生（小姐）慢走，欢迎下次光临”“先生（小姐）再见”“请慢走”。

2. 前厅专业术语

抵店时间（Arrival Time）指客人到达酒店的时间。掌握客人的抵店时间，有利于总台进行排房、控制房间以及提高对客服务质量。

办理入住登记手续（Check-In）指酒店应为每一位抵店的客人办理入住登记手续，其过程包括识别客人有无预订、填写入住登记表、排房、定价、决定付款方式、查验证件等。散客与团体的登记步骤有所区别。

办理退房结账手续（Check-Out）指酒店应为每一位退房的客人办理结账手续，其过程包括结清客人的账务，征求客人住店的意见，并办理返回预订等。散客与团体的结账手续有所区别。

交叉培训（Cross Training）指员工到其他相关的岗位接受培训，如总台员工参与客房的专业培训；客房服务人员参与总台的专业培训等。此做法便于服务人员了解相关岗位的工作，从而加深对本职工作的全面认识和提高业务水平。

投诉（Complain）指客人对酒店的服务不满而产生抱怨，向酒店提出意见。酒店应认真处理客人投诉，设法进行补救，消除客人怨气，并根据所反映的问题，对服务和管理进行整改。

半天用房（Day Use）指客人要求租用客房半天，不过夜，通常租用时间为 6 小时以内，退房时间在 18：00 以前，房价是全价的一半。在酒店旺季时一般不予以接受。

离店时间（Departure Time）指客人离开酒店的时间。了解客人离店时间，有利于对房态的预测及安排工作，提高对客服务质量。

行政楼层（Executive Floor）指酒店将一层或几层的客房独立出来，用以接待高级商务行政人员的楼层。它设有自己的总台、收银、餐厅及休息室等，为客人提供细致周到的服务。其客房也比一般客房豪华，它能为酒店招徕商务客源，提高营业收入和酒店声誉。

房间客满（Full House）短期有益于酒店收入的提高，但因设备保养、服务水准和服务质量受到影响，会对酒店带来不利因素，影响长期效益。

宾客关系主任（Guest Relation Officer，GRO）是酒店为建立与客人良好关系而专门设立的服务职位。通常，宾客关系主任隶属于酒店大堂副理。

对客服务全过程（Guest Cycle）指从潜在的客人与酒店的第一次接触到客人抵店、住店、离店直至为客人建立客史档案为止，其过程又可细分为售前、售中和售后三个阶段。

客史档案（Guest History Record）指酒店为住店一次以上的客人建立的档案，其内容包括客人的个人基本资料，每次住店的爱好习惯、信用消费、特殊要求等，以便为酒店提供针对性和个性化服务提供依据，并为开拓客源市场、进行促销提供依据。

酒店连锁（Hotel Chain）指拥有和经营管理两个以上的酒店公司或集团。在该集团内，各酒店使用统一的名称、同样的标志，并实行统一的经营、管理规范和服务水准，与独立的酒店相比，具有财务、促销、采购、预订等优势。

酒店用房（House Use）指酒店提供一部分客房给管理人员值班时使用，酒店对此应做好控制工作。

工作职责描述（Job Description）指描述某一岗位或职员的主要任务、职能及责任等，便于了解该岗位的工作概况，利于培训。

客房种类（Room Type）指酒店拥有不同类型的客房，而不同类型的房间适于不同种类的客人。常见的客房种类有标准房、双人房、三人房、豪华房、套房、相邻房及角房、相连房等。总台服务人员必须掌握酒店每间客房类型及其特色，以利于销售。

房间状态（Room Status）指客房所处的状态，通常房间状态可归纳为住客房、走客房、可售房、待修房、双锁房、在外过夜房等。总台服务人员清楚、准确地了解房态，有利于对客服务及客房销售。

3. 前厅对客服务语言表达技巧

注意面向宾客，笑容可掬，眼光停留在宾客眼鼻三角区，不得左顾右盼，心不在焉；要垂手恭立，身体微微前倾，双手交握于腹部；距离一般以一米左右为宜，不要倚他物；要举止温文，态度和蔼，能用语言讲清的尽量不加手势；要进退有序，事毕要先后退一步，然后再转身离开，以示对宾客的尊重，不要扭头就走；讲话要讲普通话，外语以英语为主，不用污言秽语，语调亲切、热情诚恳，不要粗声粗气或矫揉造作，说话要清楚流利，意思表达要准确，以对方听得到为宜，讲话速度要适中，不可因个人心情不佳，影响语言效果；客人之间说话不要打扰，如需要打扰时可在说话间隙说“对不起，打扰一下”，经客人同意后再讲，说话结束后应说谢谢。

任务引入

员工自由组合，分别扮演酒店问讯员、接待员、预订员、客人与来访者，轮流练习。要求：以组为单位，在实际场景中应用前厅对客服务基本用语。

任务分析

完成本任务的关键在于使用前厅对客服务基本用语，熟悉前厅对客服务语言表达技巧。

任务实施

要求：

1. 根据对客服务中的禁忌语场景，使用前厅对客基本服务用语，完成某酒店标准服务用语表（见表 1–4）。

2. 根据前厅标准服务用语规范要求，演练咨询服务、接待服务或预订服务模拟场景，掌握前厅语言表达技巧。

▲工具：预备笔、酒店标准服务用语表等

▲场地：模拟前台

▲模拟角色：前厅服务员小张、酒店住客李总、访客王先生

表 1–4　某酒店标准服务用语

标准服务用语	对客服务中的禁忌语
1. 早上好！	喂，找谁？
Good morning，front office dept，speaking please.	Hello!
2. 请问您找哪一位？	你找谁？
Who are you looking for?	Who do you want to talk?
3. 您需要帮忙吗？ / 我能帮您做些什么吗？	我不知道（你有什么事？）

续表

标准服务用语	对客服务中的禁忌语
May I help you?	I don't know.
4. 我可以帮您留言吗？	这事不归我管。
May I take a message for you?	It's not my duty.
5. 请问您是哪一位？ / 请问贵姓？	你是谁呀？
May I have your name，please?	Who are you?
6.	电话是什么？
	What is your telephone number?
7.	等着 / 等会儿。
	Wait.
8.	听不清，待会儿再打吧。
	Call me later.
9.	你说什么呢，我不明白。
	What did you say? I can't understand.
10.	这事不归我管。
	It's none of my business.

拓展知识

（1）服务用语规范，讲普通话，音量适度，音质优美，话语清晰。

（2）不同面客区域应根据各区域营业氛围的不同，适当调节语调。

（3）注意聆听客人所讲的内容，眼睛注视客人，目光亲切自然。

（4）不可心神不定、左顾右盼、心不在焉。在与客人对话时，如遇另一客人有事，应点头示意打招呼，或请客人稍等，不可视而不见，冷落客人，应尽快结束谈话，招呼客人。如时间较长，应说“对不起，让您久等了”。

（5）与客人对话，态度要和蔼，语言要亲切，声调要自然、清晰、柔和、亲切，音量要适中，以对方听清楚为宜，答语要迅速、明确。

（6）招呼客人时可以谈一些适宜得体的话，但不可涉及客人隐私和一些不喜欢回答的问题。

模拟实训

两人一组使用前厅对客基本服务用语撰写一份酒店问讯场景对话，使用前厅语言表达技巧进行情景模拟。

任务考核

一、单选题

1. 半天用房是指客人要求租用客房半天，不过夜，通常租用时间为（　）小时以内，退房时间在 18：00 以前，房价是全价的一半。

A. 5　　B. 6　　C. 7　　D. 8

2. 酒店将一层或几层的客房独立出来，设有自己的总台、收银、餐厅及休息室等，用以接待高级商务行政人员，此区域叫作（　）。

A. 行政楼层　　B. 休闲楼层　　C. 商务中心　　D. 健身中心

3.（　）是酒店为建立与客人良好关系而专门设立的服务职位。

A. 预订员　　B. 接待员　　C. 宾客关系主任　　D. 收银员

4. 酒店用房指酒店提供一部分客房给（　）时使用，酒店对此应做好控制工作。

A. VIP 客人到店　　B. 管理人员值班

C. 常住客人到店　　D. 免费招待客户

5. 酒店连锁是指拥有和经营管理（　）个以上的酒店公司或集团。

A. 一　　B. 两　　C. 三　　D. 四

二、多选题

1. 宾客来时要有迎客声，如（　）

A. “您好，欢迎光临”　　B. “您好”

C. “早上好”　　D. “中午好”

2. 掌握客人的抵店时间，有利于总台进行（　）。

A. 排房　　B. 控制房间

C. 提高对客服务质量　　D. 培训

3. 客史档案是酒店为住店一次以上的客人建立的档案，其内容包括客人的（　）等。

A. 个人基本资料　　B. 每次住店的爱好习惯

C. 信用消费　　D. 特殊要求

4. 常见的客房种类有（　）、三人房、相邻房及角房、相连房等。

A. 标准房　　B. 双人房　　C. 豪华房　　D. 套房

5. 通常房间状态可归纳为（　）、双锁房、在外过夜房等。

A. 住客房　　B. 走客房　　C. 可售房　　D. 待修房

三、判断题

1. 称呼第二人称时，应称“你”。（　）

2. 称呼第三人称时，应称“这位（那位）先生 / 小姐”。（　）

3. 办理退房结账手续指酒店应为每一位退房的客人办理结账手续，其过程包括结清客人的账务，征求客人住店的意见，并办理返回预订等。（　）

4. 交叉培训便于服务人员了解相关岗位的工作，从而加深对本职工作的全面认识和提高业务水平。（　）

5. 在酒店旺季时一般接受大量的半天用房。（　）

参考答案

一、单选题：1. B　2. A　3. C　4. B　5. B

二、多选题：1. ABCD　2. ABC　3.ABCD　4. ABCD　5. ABCD

三、判断题：1. ×　2. √　3. √　4. √　5. ×

模块二

对客服务

根据1+X前厅运营管理职业技术初级证书标准要求，对客服务模块是证书考核的核心部分之一，模块共包含行李及贵重物品保管服务、总机服务、礼宾服务、旅馆业治安管理信息系统操作、散客接待、团队接待6大项任务，要求员工掌握前厅部总台和礼宾部等主要一线对客岗位的工作流程和工作标准。

任务4　行李及贵重物品保管服务

证书技能要求

1. 了解酒店行李及贵重物品保管服务的基本概念。

2. 掌握客户寄存行李以及贵重物品保管服务的基本工作流程。

3. 能够按照酒店行李及贵重物品保管服务的规范要求，完成对客服务工作。

任务概述

前厅服务与运营管理过程中，宾客随身携带的大件行李或贵重物品，使其在店消费活动变得不方便，酒店企业为提高顾客消费体验，按照行李及贵重物品保管服务标准，为宾客提供行李及贵重物品保管服务，体现前厅良好的服务水平。

学习内容

1. 按照酒店服务标准为宾客提供行李保管服务。
2. 按照酒店服务标准为宾客提供贵重物品保管服务。

任务 4–1　行李保管服务

知识准备

（1）行李保管服务的对象：酒店通常仅向住店宾客提供行李保管服务。

（2）行李的范畴：住店宾客随身携带的大件、非贵重物品。易燃、易爆、易损、易碎、有毒、易腐蚀的物品以及易腐败变质的食物、活物等均不可视作行李办理保管手续。

（3）行李保管期限：酒店会根据行李流量确定保管期限，通常最长不超过6个月。

（4）行李寄存牌：酒店定制的行李寄存、保管和提取凭证，通常分上下两联，且两联印有相同编码，上联填写后系于保管的行李上，下联交由宾客保管，作为提取行李的凭证。行李寄存牌上联通常需要填写的内容包括：寄存日期、宾客房号、宾客姓名、行李件数、宾客签名、行李员签名和备注事项；下联通常需要填写的内容包括：提取日期、宾客签名、行李员签名、备注和行李保管服务注意事项说明。

（5）行李寄存登记表：对于每天接收的行李和提取的行李进行登记，每日依据行李寄存登记表进行库存行李交接。行李寄存登记表的内容包括：寄存时期、宾客房号、宾客姓名、行李件数、接收人员签名、提取日期、操作人员签名等。

（6）行李保管服务的工作环节：行李寄存、行李保管、行李提取。

任务引入

某日中午，正值退房高峰时段，行李员们也在不停地忙碌着。一位宾客来到行李房柜台，欲从长期寄存的行李中拿取一样物品，行李员小赵把宾客直接带进行李房，请正在整理行李架的小张直接帮助宾客打开行李取物，并声称外面还有其他宾客等着办理行李寄存手续，便匆忙离开了行李房。小赵的这一做法对吗？

任务分析

小赵的这一做法是不妥的。首先，在对客服务中，应该做到首问负责制，小赵应该安排好其他工作，帮助这位宾客办理好相关手续，尽量避免将宾客的服务要求进行多次传递；其次，宾客提取行李中的物品前应该严格按照行李提取规范，核实宾客身份和行李情况，办理行李提取手续，将全部行李交由宾客自行完成取物，如取出部分物品后的行李仍需寄存，则需重新办理行李寄存手续。

任务实施

要求：按照行李保管服务的规范要求，完成宾客行李保管服务工作（见表2-1）。

▲工具：行李箱、房卡、行李寄存牌、笔、行李保管登记表等

▲场地：模拟前厅

▲角色：两个同学为一组模拟行李寄存服务，1 人扮演宾客，1 人扮演行李员

表 2-1 行李保管服务流程

步骤（Steps）	标准（Standards）	提示（Tips）
1. 问候与招呼	● 主动上前问候宾客 ● 关注宾客，表情自然	● 先于宾客问好，以示尊重
2. 询问服务需求，介绍行李保管规定	● 确认宾客服务要求 ● 核实宾客身份 ● 介绍酒店行李寄存的有关规定	● 介绍服务要求要耐心、全面 ● 以房卡作为核对住客的依据 ● 对非住店宾客需要寄存行李时，需耐心解释，必要时请示领导

续表

步骤（Steps）	标准（Standards）	提示（Tips）
3. 核查行李情况	• 礼貌地请宾客取出需要寄存的行李 • 语言确认行李完好度、数量以及是否存在不适合作为行李寄存的物品	• 注意礼貌用语 • 对于行李损坏的情况，应该委婉地向宾客提示、明确 • 对于不适合寄存的物品，应该给宾客提供合适的建议
4. 办理寄存手续	• 行李员代宾客填写行李寄存牌 • 礼貌地请宾客在行李寄存牌上联“宾客签名”处签字 • 将行李寄存牌下联撕下交给宾客，并提醒宾客了解行李寄存注意事项 • 告知宾客需“本人”凭“房卡”与“行李寄存牌下联”提取行李 • 向宾客道别	• 行李寄存牌下联内容应在宾客提取行李时再填写 • 宾客行李如存在异常情况，在与宾客当面核实后，需作为备注事项记录在行李寄存牌的上、下联上 • 行李寄存牌下联交给宾客时务必做好告知与提醒
5. 保管行李	• 将行李寄存牌上联系在行李上 • 将行李送入行李房进行暂放 • 登记行李寄存登记表	• 宾客寄存多件行李时，需将行李系在一起，防止行李丢失或错拿 • 送入行李房的行李需要妥善存放于行李架上，轻的、小的放高处，重的、大的放低处，避免叠压 • 存放于行李房的行李，需在每日交接班时进行清点
6. 行李提取	• 主动问候 • 确认服务需求 • 请宾客出示房卡与行李寄存牌下联 • 请宾客在行李寄存牌下联上签名 • 持行李寄存牌到行李房中取出宾客寄存的行李 • 请宾客确认行李件数与完好程度 • 与宾客道别，填写行李寄存	• 提取行李时需核对行李寄存牌上、下联的宾客签名笔迹，确认宾客身份 • 办理正常行李提取手续的行李寄存牌填写完整后，需在行李房保管不少于一周的时间

拓展知识

（1）如住客寄存、他人领取，须请住客把代领人的姓名、单位或住址写清楚，并请住客通知代领人带“行李寄存单”的下联及证件来提取行李。行李员须在“行李寄存记录本”的备注栏内做好记录。当代领人来领取行李时，请其出示存放凭据，报出原寄存人的姓名、行李件数。行李员收下“行李寄存单”

的下联并与上联核对编号，然后再查看“行李寄存记录本”记录，核对无误后，将行李交给代领人。请代领人写收条并签名（或复印其证件），将收条和“行李寄存单”的上下联订在一起存档，最后在记录本上做好记录。

（2）如果宾客遗失了“行李寄存单”，须请宾客出示有效身份证件，核查签名，请宾客报出寄存行李的件数、形状特征、原房号等。确定是该宾客的行李后，须请宾客写一张领取寄存行李的说明并签名，同时复印其证件。将宾客所填写的证明、证件复印件、“行李寄存单”上联钉在一起存档。

（3）如果宾客房卡丢失，应先请宾客到总台补办。

（4）如果来访宾客留存物品，让住店宾客提取的寄存服务，可采取留言的方式通知住客，并参照寄存、领取服务的有关条款进行。

（5）如果宾客的行李寄存时间早已过期，但无人领取时，行李员应及时汇报领班或大堂副理，并做好登记，由领班或大堂副理查找后联系宾客，通知宾客及时领取行李。

模拟实训

请两名同学分别扮演员工和宾客，按照操作标准开展行李寄存和提取服务。

任务 4-2　贵重物品保管服务

知识准备

（1）贵重物品保管服务的对象：酒店通常仅向住店宾客提供贵重物品保管服务。

（2）贵重物品的范畴：住店宾客随身携带的贵重物品，不仅仅局限于高价值物品，具体认定由宾客判定。

（3）贵重物品寄存单：酒店定制的贵重物品寄存、保管和提取凭证，通常一式两联，上下两联采取复写方式，上联填写后由宾客保管，作为提取贵重物品的凭证，下联交由贵重物品寄存处保管。贵重物品寄存单通常需要填写的内容包括三个部分：寄存信息（寄存日期与时间、宾客房号、宾客姓名、宾客证件类型、宾客证件号码、保险箱号码、宾客寄存签名、寄存操作员签名），保险箱开箱记录（日期时间、宾客签名、操作员签名），保险箱归还记录（归还日期与时间、宾客寄存签名、归还操作人员签名）。

（4）贵重物品保险箱使用登记表：对于每天启用和归还的保险箱进行登记，每日依据贵重物品保险箱使用登记表，核对保险箱及钥匙使用情况。贵重物品保险箱使用登记表的内容包括：启用时期、宾客房号、宾客姓名、保险箱号、寄存操作员签名、归还日期、归还操作人员签名等。

（5）贵重物品保险箱：贵重物品保险箱采取双锁式，使用期间两把钥匙分别由宾客与贵重物品寄存处分管，两把钥匙同时使用才能开启保险箱。贵重物品寄存服务采取"一人一箱"式保管，酒店通常按酒店房间数的 15%~20% 配备不同大小的保险箱。

（6）贵重物品保管服务的工作环节：寄存、保管、提取。

任务引入

5 月 12 日，某会议会务组人员到总服务台找到小张寄存摄像机等贵重物品设备，总台小张按规定请宾客出示证件及提供房号。但此宾客拒不出示，提出其在 11 日存的时候前台服务员就直接存了，为什么今天又必须要这要那的？认为是总台小张在故意刁难她，于是就投诉至大堂副理处。大堂副理首先向宾客致歉，请其到总台旁边倾听其投诉。

经了解该宾客在 11 日寄存时，总台小孙未按酒店贵重物品寄存相关规定办理，未登记宾客的证件，仅用行李牌寄存且物品没有入保险柜。同时，此宾客没有住宿，只是到店参会且自己未带身份证。大堂副理了解后向宾客解释了登记证件的重要性后，并请其陪同人员出示了身份证亲自为其办理了寄存手续，并请其妥善保管保险箱钥匙，此举赢得了宾客满意。

其实高星级酒店须为住客提供贵重物品寄存服务在酒店星级标准中有明确的规定，酒店均有严格的贵重物品寄存管理制度，也会对员工进行相应的培训，凡贵重物品寄存必须提供寄存人的证件并登记、入保险柜。

任务分析

以上有关贵重物品寄存的投诉，是由酒店服务人员在酒店规定标准上执行不规范造成的。其实只要酒店服务人员在服务过程中严格执行酒店规章制度，严格按照培训的流程执行各项服务，以上的投诉均是可以完全避免的。

酒店对于服务项目制定有明确的服务标准和流程，酒店在日常检查和培训中对员工反复提醒和强调，要求在实际服务过程中要严格执行标准和服务流程，不能随意变更，以避免案例中出现的情况，让宾客产生不满。当然如遇特殊情况，服务人员可请示值班大堂副理酌情灵活处理，以赢得宾客的满意。

任务实施

要求：按照贵重物品保管服务的规范要求，完成宾客贵重物品保管服务工作（见表 2–2）。

▲工具：保险柜、贵重物品、房卡、身份证、贵重物品寄存单、笔、贵重物品保险箱使用登记表等

▲场地：模拟前厅

▲角色：两个同学为一组模拟投诉处理，1 人扮演宾客，1 人扮演行李员

表 2–2　贵重物品保管服务流程

步骤（Steps）	标准（Standards）	提示（Tips）
1. 问候与招呼	● 主动上前问候宾客 ● 关注宾客，表情自然	● 先于宾客问好，以示尊重
2. 确认服务需求，核实宾客身份	● 礼貌询问宾客服务要求 ● 核实宾客住店身份	● 介绍服务要求要耐心、全面 ● 对于宾客寄存的贵重物品，服务员遵循三不原则，“不看、不碰、不问” ● 对非住店宾客需要寄存时，需耐心解释，必要时请示领导
3. 填写贵重物品寄存单	● 请宾客出示房卡与身份证件，由操作人员进行登记 ● 根据宾客寄存物品大小，选择合适保险箱，并填写保险箱号码 ● 请宾客在“宾客寄存签名”处签字	● 注意礼貌行为与用语 ● AB 两把钥匙均在钥匙箱里的保险箱为未启用，仅一把钥匙的为已被使用
4. 办理寄存手续	● 操作员工取出 AB 两把钥匙，同时使用，打开保险箱，取出储物匣 ● 将储物匣拿到宾客面前，请宾客自行将物品放入匣内 ● 将储物匣送回保险箱，锁闭箱门，同时拔出保险箱钥匙	● 操作员全程操作必须在宾客的视野内完成 ● 操作员不要去触碰宾客寄存的物品，应该请宾客自行将物品放入储物匣 ● 务必向宾客强调贵重物品保险箱的安全性和钥匙的重要性

续表

步骤（Steps）	标准（Standards）	提示（Tips）
4. 办理寄存手续	● 将保险箱的 A 钥匙和贵重物品寄存单上联、宾客身份证件、房卡一并交到宾客手里，请宾客务必保管好保险箱钥匙 ● 提醒宾客须本人凭身份证件、房卡、贵重物品寄存单和保险箱钥匙取回寄存物品 ● 妥善保管保险箱 B 钥匙 ● 填写贵重物品保险箱使用登记表	● 向宾客说明钥匙丢失需要承担保险箱破坏性开启的赔偿责任
5. 中途开启保险箱	● 礼貌问候、确认宾客服务要求 ● 请宾客出示身份证件、房卡、贵重物品寄存单和保险箱钥匙，核对宾客信息 ● 取出酒店留存联，与上联合并复写开箱记录，请宾客签名 ● 取出酒店保管的 B 钥匙，与宾客保管的 A 钥匙一起，同时使用打开保险箱，取出储物匣 ● 将储物匣拿到宾客面前，请客人自行拿取其中物品 ● 宾客取物后，操作人员再将储物匣送回保险箱，锁闭箱门，同时拔出保险箱钥匙 ● 将保险箱的 A 钥匙和贵重物品寄存单上联、宾客身份证件、房卡一并交到宾客手里，请宾客务必保管好保险箱钥匙 ● 提醒宾客须本人凭身份证件、房卡、贵重物品寄存单和保险箱钥匙取回寄存物品 ● 妥善保管保险箱的 B 钥匙	● 开箱宾客必须是寄存人本人，且所持凭证齐全 ● 操作员全程操作必须在宾客的视野内完成 ● 操作员不要去触碰宾客寄存的物品，应该请宾客自行在储物匣内取放物品 ● 再次向宾客强调贵重物品保险箱的安全性和钥匙的重要性 ● 再次向宾客说明钥匙丢失需要承担保险箱破坏性开启的赔偿责任
6. 贵重物品提取	● 礼貌问候、确认宾客服务要求 ● 请宾客出示身份证件、房卡、贵重物品寄存单和保险箱钥匙，核对宾客信息 ● 取出酒店留存联，与上联合并复写贵重物归还记录，请宾客签名后回收 ● 取出酒店保管的 B 钥匙，与宾客保管的 A 钥匙一起，同时使用打开保	● 开箱宾客必须是寄存人本人，且所持凭证齐全 ● 操作员全程操作必须在宾客的视野内完成 ● 操作员不要去触碰宾客寄存的物品，应该请宾客自行在储物匣内取放物品 ● 办理正常贵重物品提取手续的寄存单填写完整后，需在贵重物品寄存处保管不少于两周的时间

续表

步骤（Steps）	标准（Standards）	提示（Tips）
6. 贵重物品提取	险箱，取出储物匣 ● 将储物匣拿到宾客面前，请客人自行拿取其中物品 ● 宾客取物后，操作人员再将储物匣送回保险箱，锁闭箱门，同时拔出保险箱钥匙 ● 妥善保管保险箱 AB 两把钥匙 ● 填写贵重物品保险箱使用登记表	

拓展知识

（1）出于安全考虑，贵重物品寄存与提取不允许出现“A 客人存，B 客人取”的现象，如客人主动提出，则应耐心向客人解释，必要时可向领导汇报，不应为此与客人发生争执。

（2）如果宾客遗失了贵重物品寄存单，须核实宾客有效身份证件，并留取证件复印件，请宾客在复印件下方书写贵重物品领取说明，要求说明在贵重物品寄存单丢失的情况下一次性取出全部物品，并将该收据与贵重物品寄存单第二联合并保管不少于一个月。对于贵重物品寄存单丢失的宾客要求开箱取物，采取先按规定取出后，再重新寄存。

（3）如果宾客房卡丢失，应先请宾客到总台补办，再来办理贵重物品提取手续。

（4）如果宾客遗失身份证件的，原则上请宾客通过公安或外事部门取得合法证件后再来领取，酒店可向宾客承诺为其妥善保管。

（5）如果宾客遗失保险箱钥匙，按酒店贵重物品保险箱钥匙遗失应急处理方案执行，通常在两名以上高管共同监督下，启用保险箱备用钥匙，但存在钥匙遗失的保险箱将停用，因此带来的经济损失由宾客承担。

模拟实训

请两名学习者分别扮演员工和宾客，按照操作标准开展贵重物品寄存和提取服务。

任务考核

一、单选题

1. 关于酒店提供行李保管服务描述的正确的是（　）。

A. 行李保管服务仅向住店客人提供

B. 行李保管服务可以向所有社会人员提供

C. 行李保管服务一般不设置保管期限

D. 为了确保行李中没有危险品，员工在接收行李时应该开箱检查

2. 关于行李寄存牌的表述正确的是（　）。

A. 行李寄存牌一般一式两联设计

B. 行李寄存牌一般上下两联设计

C. 行李寄存牌一般只有一联设计

D. 行李寄存牌一般可以用房卡代替

3. 在开展行李寄存服务时，寄存牌上下两联上的宾客签名要求是（　）。

A. 上联和下联都在行李寄存时让宾客签字

B. 上联在行李寄存时签字，下联在行李提取时签字

C. 上联和下联都在行李提取时让宾客签字

D. 下联在行李寄存时签字，上联在行李提取时签字

4. 关于贵重物品的表述正确的是（　）。

A. 宾客认为贵重的物品都可视是贵重物品

B. 现金才是贵重物品

C. 非常值钱的物品才能算贵重物品

D. 不值钱的物品不能算贵重物品

5. 关于贵重物品提取的表述正确的是（　）。

A. 寄存的贵重物品任何宾客持保险箱钥匙都可以提取

B. 寄存的贵重物品可在有约定的情况下，由其他人代取

C. 寄存的贵重物品只能由寄存宾客本人提取

D. 寄存的贵重物品提取的条件是本人持保险箱钥匙

二、多选题

1. 行李寄存服务包括以下（　）环节。

A. 行李寄存　B. 行李保管　C. 行李托管　D. 行李提取

2. 以下不能作为行李寄存的物品有（　）。

A. 蛋糕　B. 钱包　C. 重要文件　D. 宠物

3. 提供贵重物品寄存服务的前提是（　）。

A. 住客客人　B. 非住客客人

C. 贵重物品　D. 由服务人员确认物品价值

4. 提供贵重物品寄存时，服务员遵循的三不原则是（　）。

A. 不看　B. 不问　C. 不碰　D. 不估价

5. 提取贵重物品时需要寄存宾客本人携带（　）。

A. 房卡　B. 身份证件

C. 贵重物品寄存单　D. 保险箱钥匙

三、判断题

1. 提供行李寄存服务时，服务人员要提醒宾客自己核查违禁品。（　）

2. 只是能够确认是行李寄存者本人，不需要任何凭证就可以提取行李。（　）

3. 行李不可当成贵重物品寄存，但贵重物品可以当成行李来寄存。（　）

4. 酒店应该按房间数 1∶1 配置贵重物品保险箱。（　）

5. 如果宾客弄丢了保险箱的 A 钥匙，酒店应该启用贵重物品寄存处保管的 B 钥匙帮助宾客打开保险箱。（　）

参考答案

一、单选题：1. A　2. B　3. B　4. A　5. C

二、多选题：1. ABD　2. ABCD　3. AC　4. ABC　5. ABCD

三、判断题：1. √　2. ×　3. ×　4. ×　5. ×

任务5　总机服务

证书技能要求

1. 了解酒店总机服务的基本概念。
2. 掌握酒店总机服务的基本工作流程。
3. 能够按照酒店总机服务的规范要求，完成对客服务工作。

任务概述

酒店电话总机是酒店内外沟通联络的通讯枢纽和喉舌，是酒店对外联系的窗口，其工作代表着酒店的形象，体现着酒店服务的水准。

酒店总机是以电话为媒介，直接为宾客提供转接电话、挂拨国际或国内长途、叫醒、免打扰，查询等服务，电话服务在酒店对客服务中扮演着重要的角色，每一位话务员的声音都代表着“酒店的形象”，话务员必须以热情的态度、礼貌的语言、甜美的嗓音、娴熟的技能优质高效地开展对客服务，让宾客能够通过电话感觉到来自酒店的热情、温馨和细心，甚至感受到酒店的档次和管理水平。

话务员接听电话时遵照三个原则：一是铃响三声内接听电话；二是通话结束后，要等客人先挂电话方可轻轻挂断电话；三是无论心情如何，都要将笑容传入听筒。在接听电话时需要报岗：我们接听电话第一步要做的就是报岗，让致电者清楚是哪里在接听电话，具体操作内外线是不一样的。因为话务员一接起电话就要马上反应报岗内容，所以这段话述必须非常熟悉，达到惯性本能的反应。具体操作如下：

外线：上午好 / 下午好 / 晚上好，某某酒店，请问有什么可以帮您?

Good morning/afternoon/evening，××hotel，Can/May I help you?

内线：上午好 / 下午好 / 晚上好，电话服务中心，请问有什么可以帮您?

Good morning /afternoon/evening，this is guest service center ××speaking，

Can/May how may I help you?

学习内容

1. 总机服务的基础知识。
2. 电话转接操作流程。
3. 总机咨询服务处理。
4. 叫醒服务处理。
5. 免打扰服务处理。
6. 总机服务中特殊情况处理。

任务 5-1　电话转接服务

知识准备

电话转接服务一般包括外线电话找住客、外线电话转各部门、内线电话间转接和内线电话转外线。在转接找住客电话时需注意必须征得住客同意才能转接；若外线转各部门和内线电话转接时，应听清楚对方的要求或者转接的分机，准确地将电话转接；若内线转外线需要询问对方的全名和职务，记录转接的号码并做好相关员工转外线的记录。

任务引入

某公司的毛先生是 ×× 酒店的商务客人。他每次到杭州，肯定入住这家酒店，并且每次都会提出一些意见和建议。可以说，毛先生是一位既忠实友好又苛刻挑剔的客人。

某天早上 8 点，再次入住的毛先生打电话到总机，询问同公司的王总住在几号房。总机李小姐接到电话后，请毛先生“稍等”，然后在电脑上进行查询。查到王总住在 901 房间，而且并未要求电话免打扰服务，便对毛先生说“我帮您转过去”，说完就把电话转到了 901 房间。此时 901 房间的王先生因昨晚旅途劳累还在休息，接到电话就抱怨下属毛先生不该这样早吵醒他，并为此很生气。

问题：总机李小姐的做法是否妥当?

任务分析

（1）李小姐应该考虑到通话的时间，早上 8 点是否会影响客人休息。

（2）应迅速分析客人询问房间号码的动机。此时毛先生的本意也许并不是要立即与王总通话，而只想知道王总的房间号码，便于事后联络。在不能确定客人动机的前提下，可以先回答客人的问话，同时征询客人意见“查到了王总房号，请问先生是否需要我马上帮您转过去”。必要时，还可委婉地提醒客人，现在时间尚早，是否 1 小时之后再打。这样做既满足了客人的需求，又让客人感受到了服务的主动性、超前性、周到性。

任务实施

要求：按照电话转接的规范要求，完成电话转接工作（见表 2-3）。

▲工具：电话机、笔、工作本等

▲场地：前厅实训室

▲角色：两个同学为一组进行电话转接情景模拟，1 人扮演女话务员，1 人扮演客人

表 2-3　电话转接基本工作流程

步骤（Steps）	标准（Standards）	提示（Tips）
1. 转接电话	● 清晰地问候 ● 听清电话内容 ● 判断分机是否正确 ● 迅速，准确地转接	● 注意专注聆听电话内容 ● 注意如果是寻找住客必须征得住客同意后才可以把电话转接或者告知访客房号 ● 注意转接电话时播放音乐
2. 电话占线情况的处理	● 礼貌地问候 ● 及时跟客人说明占线情况 ● 请客人稍后再试或留言	● 对客人的等候表示抱歉 ● 如果需要留言，请务必认真聆听并复述留言内容
3. 电话没人接	● 向客人说明电话没人接的情况 ● 主动征询客人是否愿意稍后再打或留言	● 注意为客人保密，不能泄露住客房号 ● 如果需要留言，请务必认真聆听并复述留言内容

拓展知识

在互联网高速发展的时代，智能化手机已经成为大众的生活必需品之一，直接改变了人与人之间的生活方式，人们之间的沟通更加不受时空的影响，可以通过电话、语音、微信留言、邮件等方式达成沟通的目的。此时，酒店总机提供的电话转接服务成为“鸡肋”，如果不寻求创新与变化，不仅会增加酒店成本，而且不能为客人提供良好的体验感。因此，越来越多的酒店投入智慧型酒店的建设，有些酒店选用二合一、三合一甚至多合一的多功能电话，让客人感觉房间提供的电话是可以为他们住宿过程中带来愉悦体验的，如可以融合智能机器人语音播报功能、聊天功能、音乐功能、遥控功能、蓝牙功能、投屏功能、充电功能、闹钟功能、时钟功能……并创造性地设计电话的外观，让电话成为时尚简约的艺术品，促使客人愿意使用，甚至酒店可以跨界经营，让感兴趣的客人购买。

模拟实训

访客致电总机，要求转接到西餐厅员工小吴，电话中语气比较急促，告知有紧急事情发生，请两人一组完成此电话转接服务。

任务 5-2　叫醒服务

知识准备

叫醒服务是酒店全天 24 小时为客人提供的一种常规服务，旨在避免客人错过重要的约会或者其他行程安排，一般是通过酒店的语音系统来完成的。主要有散客系统叫醒服务、散客人工叫醒服务、团队客人系统叫醒服务和团队客人人工叫醒服务。在服务过程中，需要尽量避免叫醒失误而引起的客人投诉，相关失误包括话务员漏入系统、计算机系统出现故障、客人错报房号等。话务员需要严谨认真对待每一次的叫醒服务需求，其服务程序操作如下。

1. 散客叫醒服务

（1）接收叫醒服务。

①接到客人对叫醒服务的要求时，应专心聆听，边记录边复述房间号码和

叫醒时间；如客人代其朋友要求叫醒服务，应询问所需叫醒房间的客人姓名，以作核对。

②核对资料方法。

第一，通过酒店前厅管理系统确认客人资料，特别是由客人代其他客人要求叫醒服务时，必须确认每间房间都同属一个团队。

第二，如是通过 OA 收到的叫醒通知，要致电对方确认具体是哪位发出的，并确认房号 / 团号、叫醒时间，以作核对。

（2）记录叫醒服务的资料。

①叫醒登记表（见表 2–4）中准确填写有关内容，如客人的房号和所需的叫醒时间，还需记录客人姓名。贵宾住客用荧光笔做记号。

②深夜班当值接线生需核对叫醒记录并与前台核对需要叫醒的宾客房号和时间。

（3）设置叫醒。

①须将资料准确输入自动叫醒系统。

第一，如为 V2 级以上的重要客人，则按照实际情况提供人工叫醒。

第二，标准用语："早上好，×× 先生 \ 小姐，这是您的叫醒时间 ××，祝您有愉快的一天，谢谢接听。"

②检查自动叫醒系统中所有客房的叫醒记录。

③团队客人超过 300 人以上的，统一采取相应时间进行提早设置叫醒。

（4）提供叫醒服务。

①检查自动叫醒系统的记录，在已叫醒的房号旁使用"√"做记号。

②未能叫醒的房号旁使用"×"做记号，并把房号通知客房部进行人工叫醒，记录对方的姓名和通知时间。

③督促客房部反馈叫醒的结果，并在叫醒服务表中做出相应记录；跟进已通知客房部协助叫醒客人的结果。

表 2-4　叫醒登记表

话务员：　　班次：　　日期：

序号	接收时间	房号	叫醒时间	通知者	接受者
1					
2					
3					
4					
5					

2. 团队叫醒服务

（1）中班负责做团同事应尽量于 9 点前与会务负责人确认第二天是否需要叫醒、叫醒时间、工作人员或 VIP 是否有特殊安排等。

（2）以 OA 形式发送需叫醒团队名单给总机，要求以团队名称作为文件名，内容要齐全，包括团队名称、叫醒日期、时间、接待是哪位同事跟进的等，发送后致电总机进行确认。

任务引入

一天，一位酒店客人要求前厅为他做一次第二天早上 6 点的 Morning Call 服务，前厅马上通知了总机。然而，第二天早上 7 点过后，客人非常气愤地来到大堂经理处投诉说今天早上并没有人叫他起床，也没有听见电话铃声，以致他延误了国际航班。后经查实：总机在接到前厅指令后，立刻就通过电脑为他做了 Morning Call 服务，并排除了线路及器械上故障的可能。经过分析后认为，可能是由于客人睡得较沉，没有听见。电话铃声响了几次之后就会自动切断，最终导致客人延误了航班。

任务分析

对于案例中客人的服务需求，酒店总机服务员虽然完成了，但最终结果却没有达到服务的目的。从这里，我们也以看出“宾客至上”并非是一个简单的口号，这是一项很细致、具体的工作。平时只要多一些人情化的服务，少一些公式化、程序式的服务，那么工作将做得更好。如在这个案例中，客人要求是6点钟叫醒，除了做一个电脑设置之外，在6点10分可以再让服务员到房间做一次上门叫醒。这样，就可以完全避免此案例中所发生的不愉快。假如客人已醒了，可以询问客人是否要退房，需不需要通知收银处把账单列出。还可以征询客人是否要为他叫一辆出租车以及是否帮他把行李搬下去等。总之，在服务过程中，能设身处地为客人多想一想，那么，这些事根本就不可能发生。

任务实施

要求：按照叫醒服务的规范要求，完成叫醒服务工作（见表2–5）。

▲工具：电话机、笔、工作本等

▲场地：前厅实训室

▲角色：两个同学为一组进行叫醒服务情景模拟，1人扮演话务员，1人扮演客人

表2–5　叫醒服务基本工作流程

步骤（Steps）	标准（Standards）	提示（Tips）
1. 接受和记录	● 问候宾客 ● 核对宾客姓名与房号 ● 在前台交接班记录本上完整记录叫醒信息 ● 复述叫醒信息并与宾客确认	● 核对酒店管理信息系统中的入住信息 ● 叫醒信息：房号、姓名、时间、天数等
2. 录入叫醒记录	● 核对宾客姓名 ● 当天的叫醒信息录入电话系统和酒店管理信息系统	● 特别注意宾客连续叫醒的信息记录和录入 ● 若酒店电话系统无叫醒功能，则执行人工叫醒服务 ● 如遇其他时段叫醒，交接班时特殊交接
3. 查看叫醒情况	● 准时查看电话系统叫醒情况	● 若叫醒成功，前厅在前厅交接班记录本上做好记录，实施人签名 ● 若叫醒失败，则实施人工叫醒服务

续表

步骤（Steps）	标准（Standards）	提示（Tips）
4. 人工叫醒服务	● 前厅服务员拨打宾客房间号码 ● 礼貌问候和提醒话术：先生，您好，我是总机服务员，您设置的叫醒时间八点半已经到了，谢谢 ● 让宾客先挂电话 ● 如人工电话叫醒三次无人应答，指派服务员前往房间叫醒宾客，并礼貌道别	● 无人接听，前台可在 3 分钟后再次拨打，让电话铃响不少于 6 声，给宾客充分的时间接电话 ● 若遇特殊的气候，可提醒宾客室外的天气情况和温度 ● 前台服务员在前厅交接班记录本上记录结果，实施人签名
5. 团队叫醒服务注意事项	● 确认宾客身份 ● 从客账中取出该团队的会议 / 团队接待单 ● 与领队或陪同核对团队接待名单和房号 ● 在前厅交接班记录本上记录团队叫醒时间和叫醒天数 ● 在电话系统上设置叫醒信息	● 是否为团队领队或陪同，团队叫醒需要团队负责人到前台统一办理叫醒手续 ● 记录领队或陪同姓名、团队名称以及叫醒要求

拓展知识

现在的手机基本都有叫醒功能，但客人往往为了保证自己不耽误重要的约会、会议或者交通时间，会向酒店总机提出叫醒服务，因此酒店总机话务员必须认真对待客人的叫醒服务，防止叫醒失误，以避免造成不必要的投诉和损失。具体对策如下：

（1）经常检查电话机智能系统运行状况，及时做好保养和维修。

（2）必须重复确认客人的叫醒服务需求，要特别注意客人房号和叫醒时间。

（3）遇到系统显示客人没有拿起话筒，话务员应该再次人工拨打电话一次，提醒客人叫醒时间已到。如果人工拨打电话没人接听，应及时通知客房服务中心员工跟进，并采取人工叫醒服务。

（4）在接受任务时知道客人需赶飞机、轮船等交通工具或者参加重要会议时，务必使用人工叫醒，确保客人不误事。

（5）话务员确认完成叫醒服务后，应该再次复查并做好记录。

（6）话务员主管需要每天督导检查工作，确保登记和录入无误。

模拟实训

话务员接到 1105 房住客李先生电话，要求总机次日早上 6：00 进行叫醒服务，请两人一组完成叫醒服务处理。需要特别注意的是运用语言沟通挖掘李先生的潜在需求，提供住客良好的服务体检。

任务 5-3　免打扰服务

知识准备

酒店通常会为住客的房间电话提供免打扰服务，旨在让住客有一个更加安静不被打扰的休息环境，话务员在接到免打扰服务需求时，应遵照以下程序操作：

（1）话务员要将所有提出免电话打扰服务要求的客人姓名、房号记录在交接本上，并注明接到此通知的时间。

（2）话务员将这些客人房间的电话号码通过话务台锁上，并要及时准确地把这一信息通知给所有的当班人员。

（3）客人取消了免打扰服务后，接到通知的话务员应立即通过话务台释放被锁住的电话号码，并在交接班本上注明取消的时间。

（4）在客人接受免打扰服务期间，若有来人来电要求与客人通话联系，话务员应将客人不愿意被打扰的信息礼貌地告知来人，并建议其留言或是等客人取消免打扰服务之后再进行联系。

任务引入

话务员小张在上午当班时接到住客 1101 房李先生来电要求提供房间电话免打扰服务，小张应该如何处理。

任务分析

小张首先需要核对李先生的住客信息，然后确认免打扰的服务时间范围，最后记录信息、录入系统以及做好交接班的备注。

任务实施

要求：按照电话免打扰的规范要求，完成免打扰服务工作（见表 2–6）。

▲工具：电话机、笔、工作本等

▲场地：前厅实训室

▲角色：两个同学为一组进行免打扰服务情景模拟，1 人扮演话务员，1 人扮演客人

表 2–6 电话免打扰基本工作流程

步骤（Steps）	标准（Standards）	提示（Tips）
1. 核对信息	● 问候宾客 ● 核对宾客姓名与房号 ● 问清免打扰的期限和范围 ● 复述免打扰信息并与宾客确认	● 核对酒店管理信息系统中的入住信息 ● 注意免打扰的对象和时间段
2. 设置系统	● 在系统中设置 DND，将相应房间电话线封闭 ● 把具体时间范围录入系统	● 特别注意房号的核对 ● 如有相应的免服务打扰的对象范围应该在记录本上登记清楚，避免耽误住客的信息
3. 信息沟通	● 及时将免打扰服务的需求通知前厅接待处、客房服务中心、礼宾部和大堂副理等 ● 将免打扰服务信息记录交接班本上，并在办公室白板上做相应提醒	● 通知酒店相关服务部门及时获知客人的服务需求，以灵活应对各种服务
4. 应对访客电话	● 在免打扰服务期间，灵活应对外线电话，婉拒访客来电 ● 征求访客是否需要为住客提供留言服务	● 访客需要留言时严格按照留言的程序处理，并在免打扰服务结束时把留言转告住客

拓展知识

酒店电话免打扰服务流程与规范如表 2–7 所示。

表 2–7 电话免打扰服务流程与规范

<table>
<tr><td rowspan="2">流程名称</td><td colspan="3" rowspan="2">电话免打扰服务流程与规范</td><td>文件受控状态</td><td></td></tr>
<tr><td>文件管理部门</td><td></td></tr>
<tr><td>服务程序</td><td colspan="5">服务规范</td></tr>
<tr><td>接收电话免打扰服务
↓</td><td colspan="5">1. 接收电话免打扰服务
（1）接到客人要求提供免打扰服务时，话务员应仔细询问客人的房号、设定时间和取消时间等内容
（2）将客人的要求详细记录在免打扰服务记录本上</td></tr>
<tr><td>设置电话免打扰
↓</td><td colspan="5">2. 设置电话免打扰
（1）话务员于客人要求的设定时间，按照操作程序将客人房间的电话设置为免打扰状态
（2）在客人接受免打扰服务期间，若有人来电要求与客人通话联系，应将客人不愿意被打扰的信息礼貌地告知来电者，建议其留言或是等客人取消免打扰服务之后再进行联系</td></tr>
<tr><td>取消电话免打扰</td><td colspan="5">3. 取消电话免打扰
（1）接到客人取消免打扰服务的通知或到达客人设定的免打扰服务时间后，话务员按照操作程序取消客人房间的免打扰服务
（2）在交接班本上注明取消的时间</td></tr>
<tr><td>相关说明</td><td colspan="5"></td></tr>
<tr><td>编制人员</td><td></td><td>审核人员</td><td></td><td>批准人员</td><td></td></tr>
<tr><td>编制日期</td><td></td><td>审核日期</td><td></td><td>批准日期</td><td></td></tr>
</table>

模拟实训

根据以上拓展知识的案例背景材料，两人为一组完成 1105 房的免打扰服务的访客电话服务工作。

任务 5–4　问题处理

知识准备

总机服务是宾客体验酒店服务的重要过程，在此过程中每天都会遇到不同的服务状况需要处理。总机服务从另一个层面来讲，是酒店形象最为直接的形象代表，服务问题的处理直接影响宾客的入住体验感。总机除了为客人提供一般性服务以外，还要灵活处理客人的其他服务需求，同时充当酒店的临时指挥中心，特别是处理客人及员工紧急报警和消防中心紧急报警等情况（见表2–8、表2–9）。除此以外，有些酒店的总机还负责酒店的背景音乐选择及播放、闭路电视监测、收费电视点播等工作。

表 2–8　客人及员工紧急报警的处理程序与标准

程　序	标　准
1. 接到紧急报警	（1）首先告诉报警人要保持冷静 （2）向报警人询问以下内容 A. 报警人姓名 B. 报警人所在部门 C. 出事地点 D. 何物燃烧 E. 火势大小 （3）迅速将有关内容准确记录在案 （4）告诉报警人:“我们会立即通知有关部门及人员，请您马上寻找紧急出口撤离。”
2. 通知消防控制中心	（1）立即通知消防控制中心以下内容 A. 报警人姓名 B. 报警人所属部门 C. 着火地点 D. 燃烧物 E. 火势大小 F. 话务员姓名 （2）记录受话人姓名
3. 记录报警	准确地将接到处理的有关报警内容记录在报警本上
4. 等待消防中心的报警	消防中心会立即派人实地查询，若情况属实，立会即从出事地点向总机报警
5. 接到消防中心紧急报警	消防中心紧急报警的处理

续表

程　序	标　准
6. 通知有关部门	消防中心紧急报警的处理
7. 记录紧急报警	消防中心紧急报警的处理

表 2–9　消防中心紧急报警的处理程序与标准

程　序	标　准
1. 接到紧急报警	（1）认真仔细听清报警地点、报警人姓名 （2）重复报警地点及报警人姓名 （3）把报警迅速准确记录下来
2. 通知有关部门	（1）白天需通知客务经理、保卫部值班室、总经理办公室及消防值班领班 （2）夜间需通知呼叫值班店领导、客务经理、保卫部值班室及当日部门值班经理
3. 填写报警记录	（1）报警时间、地点及报警人姓名 （2）若为白天报警，需填写客务经理姓名、保卫部值班人员姓名、总经理办公室接到报警电话人的姓名及消防值班领班姓名 （3）在夜间需填写店领导、客务经理、保卫部值班室接到报警电话人的姓名及当日部门值班经理的姓名 （4）话务员姓名 （5）等待并记录消防中心通知的报警原因

任务引入

小马是某酒店前厅部的总机主管，一天下午，小马接到 7115 房间客人来电询问是否提供药品，她细心询问客人哪里不舒服并告知可以帮忙叫医生或代买非处方药品，但需要写一份代购药品责任书。在客人决定购买退烧药后，小马立即通知大堂经理和礼宾员前往客人房间，签了代购药品责任书，然后按客人提供的品名购买了药品并结清药品费用。随后她通知客房部给房间多送了一些饮用水和卫生纸。担心客人半夜睡着了忘记吃药、喝水，于是她在征得客人同意后每间隔 4 小时给房间打电话提醒，并交待下个班次员工多关注此房间的客人情况。

第二天早上，大堂经理特意为客人送了一份营养白粥作为早餐。中午 12 点上班后，小马便给客人打电话询问病情，客人说：“烧退了，已经好了，多亏了你们昨天到今天的细心照顾和特别的关注！”听到客人说病情好转后，小马才放下心来。

任务分析

任务中小马主管接收客人服务需求信息后马上分析客人的潜在需求，并考虑到药品的安全风险性，落实签订代购责任书。服务过程中坚守“急客人之所急，想客人之所想”的服务理念，安排个性化的服务方案，让客人满意。

任务实施

要求：按照电话服务的规范要求，完成客人服务需求处理的工作（见表2–10）。

▲工具：电话机、笔、工作本、药物等

▲场地：前厅实训室

▲角色：四个同学为一组进行电话服务沟通情景模拟，1 人扮演话务员，1 人扮演客人，1 人扮演大堂副理，1 人扮演礼宾员

表 2–10　电话服务沟通基本工作流程

步骤（Steps）	标准（Standards）	提示（Tips）
1. 接听电话	● 三声内接听电话，问候宾客 ● 核对宾客姓名与房号 ● 聆听客人服务需求 ● 确认客人服务信息	● 涉及药物需求，必须在沟通中表示关心，关注客人的身体状况 ● 注意客人的服务需求是否和酒店相关服务原则相符合，需要客人委托书必须要明确
2. 分析需求	● 分析客人的潜在需求 ● 提出服务建议	● 针对客人身体不适的服务需求，必须设计周到细致个性的服务方案
3. 信息沟通	● 及时把客人购药的需求通知前厅礼宾部；并把客人的身体不适信息与客房服务中心和大堂副理进行沟通，给予关心和关注 ● 将客人服务信息记录交接班本上，并在办公室白板上做相应提醒	● 通知相关服务部门给予客人特别的关照，以提供惊喜的个性化服务
4. 效果跟踪	● 服务完成后对客人进行服务跟踪，并关心问候客人 ● 征询客人是否有其他服务需求	● 总机只是服务的沟通中心，不直接完成药物的购买，必须要跟踪落实，确保快速完成服务任务

拓展知识

酒店总机紧急情况下应发挥临时指挥中心功能，特别是在酒店发生自然灾害、公共卫生事件、伤亡事故等情况时。在紧急情况下，为了把危害降到最低，酒店总机需要快速与所有住客和相关部门进行及时沟通，发出紧急通知；通过背景音乐系统功能播发疏散指引；话务员在沟通过程中需要展示职业素养，保持镇定、冷静，准确传递信息，特别需要做到：

（1）接到紧急情况汇报时，需要认真聆听记录时间、地点、事态发展情况，对方的联系电话和部门等信息。

（2）话务员以最快速度分工，同时把紧急情况通报酒店相关领导及相关部门，并根据现场指挥人员的要求与当地相关部门（如健康防疫中心、警察局、消防局、医院、卫生局等）联系。

（3）在未接到撤离岗位的指示之前，话务员必须坚守岗位，保持酒店内各部门通信顺畅。

（4）与客人沟通时必须沉着耐心，如客人需要深入了解情况，可以把电话转给大堂经理或者相关负责人跟进。

（5）事毕，话务员要认真、完整地把全过程记录下来。

模拟实训

深夜当值话务员收到1105房间住客电话，该住客声音虚弱，很艰难地说出他现在非常难受，然后就没有任何声音了。请4名同学为一组角色扮演完成该问题处理，其中1名同学为话务员，1名同学为客房服务中心人员，1名同学为大堂副理，1名同学为客人。注意在实训过程中要展示“急客人之所急”的解决思路。

任务考核

一、单选题

1. 前厅（　）岗位为客人提供叫醒服务。

A. 礼宾部　　B. 接待处　　C. 总机　　D. 问讯处

2. 在提供（　）服务时，必须征求客人同意后才能完成。

A. 叫醒　B. 电话转接　C. 传呼寻人　D. 留言

3. 为了提供客人一个安静休息的环境，酒店一般会为客人提供（　）。

A. 免打扰服务　B. 寄存服务　C. 叫醒服务　D. 网络服务

4.（　）岗位是酒店最直接的形象代表。

A. 接待处　B. 预订处　C. 礼宾部　D. 总机

5. 酒店的临时指挥中心一般设置在（　）。

A. 商务中心　B. 客房服务中心　C. 消防中心　D. 总机

二、多选题

1. 总机服务的内容有（　）。

A. 接转电话　B. 店内传呼服务　C. 代客留言　D. 叫醒服务

E. 充当临时指挥中心

2. 提供免打扰服务是应（　）。

A. 核对客人信息　B. 确认服务时间

C. 登记交接班本　D. 与预订处、接待处进行信息沟通

3. 叫醒服务一般包括（　）。

A. App 叫醒服务　B. 散客叫醒服务

C. VIP 叫醒服务　D. 团队叫醒服务

4. 电话转接服务包括（　）。

A. 外线电话找住客　B. 外线电话转各部门

C. 内线电话间转接　D. 内线电话转外线

5. 酒店总机的作用有（　）。

A. 酒店的喉舌　B. 酒店的形象窗口

C. 对外联络枢纽　D. 对客服务调度中心

三、判断题

1. 访客查找住店客人，为体现酒店的热情服务的素质，应立即接通住店客人房间电话，给非住店人员提供方便。（　）

2. 酒店提供人工叫醒服务时，若无人答应，5 分钟后再叫醒一次，如果仍无人答应，则通知大堂副理或客房服务中心，弄清楚原因。（　）

3. 当有人来访问要求保密的客人时，一般以客人没有入住为理由予以

拒绝。 （ ）

4. 接到住客需要购买药物的电话需求，话务员应记录房号、住客姓名和药物名称，然后通知礼宾员帮忙购买。 （ ）

5. 当住客电话占线时，可以把住客房号告知访客，并建议访客随后直接拨打住客房间。 （ ）

参考答案

一、单选题：1. C 2. B 3. A 4. D 5. D

二、多选题：1. ABCDE 2. ABC 3. BD 4. ABCD 5. ABC

三、判断题：1. × 2. √ 3. √ 4. × 5. ×

任务6 礼宾服务

证书技能要求

1. 了解前厅礼宾部的基本概念。

2. 掌握前厅礼宾部的基本工作流程。

3. 能够按照前厅礼宾部服务的规范要求，完成对客服务工作。

任务概述

礼宾服务是前厅部服务中一个十分重要的组成部分，是酒店给宾客留下真实第一印象与最后印象的重要构成，礼宾服务的优劣与否，直接影响到客人对酒店的印象与评价。

礼宾部一般下设酒店代表、门童（门前应接员）、行李员和委托代办员。为宾客提供从到达城市起到抵店、住店、离店的全方位“一条龙”服务，礼宾服务的英文通常使用“Bell Service”或“Concierge”，礼宾服务追求的品质标准是顾客的“满意＋惊喜”。

学习内容

1. 按照标准为宾客提供机场接站与送站服务。
2. 按照标准为宾客提供门前应接服务。
3. 按照标准为宾客提供行李运送服务。
4. 按照标准为宾客提供委托代办服务。

任务 6-1 酒店代表服务

知识准备

酒店代表服务是指高端酒店为了提高宾客消费体验，方便到达城市的宾客能够更为顺利地抵达酒店，展现酒店优质的服务水准，而向城市范围内的交通枢纽派出代表人员提供的一项延展服务。早期，由于酒店客源中乘坐飞机抵达的宾客比例较大，故许多酒店直接在机场设置固定代表处，且机场迎送的要求高、程序复杂，所以“酒店代表服务”也一度被称为“机场代表服务”。近年来，随着城市交通网络的日趋发达，城市区间的交通方式也越来越多元，固定的机场代表处已经很少见了，但作为酒店重要的一项礼宾服务，酒店代表服务依然常见。

任务引入

某酒店前厅部按照常规每天派一名酒店代表前往机场接站。这天，某中外友好协会的某旅行团乘机抵达，该团成员皆为老人，将要下榻的 ×× 酒店没有安排接站服务。某酒店的机场代表小李正巧没有这趟航班的接站任务，看到这种情况他略加思索，便快步上前征得随团陪同的同意后，用简单而准确的外语告诉客人，他是某酒店的酒店代表，可以为大家提供无偿的行李服务。他先请大家将大件行李集中，清点数目，然后迅速推来行李车把行李一一搬上，跟着团队向停车场走去。客人们看着小李推着行李车，心里都有一种到家见到亲人的感觉。

次日，该团队由于不满下榻酒店的服务质量，全体成员要求当天下午搬至某酒店入住，因为昨天小李的义举打动了他们。

任务分析

前厅部是酒店形象的窗口，礼宾部是酒店前厅部的门面，机场代表服务更是从酒店延伸到店外的服务。可以说酒店代表服务是酒店真正给客人留下“先入为主”的“第一印象”的酒店业务，礼貌周到地完成对客礼宾服务工作，体现出前厅良好的服务水平，可以给宾客留下深刻的印象。本案例中某酒店的小李以“义举”打动了原本并不下榻该酒店的宾客，为酒店树立了良好的声誉，实际上也是以良好的职业素养，积极向未预订客人推销了自己所在的酒店。

任务实施

要求：按照酒店机场接送机服务规范要求，完成客人接送机服务（见表2–11）。

▲工具：电话机、笔、工作本等

▲场地：前厅实训室

▲角色：3 个同学为一组进行接送机服务沟通情景模拟，1 人扮演送机司机，1 人扮演客人，1 人扮演前台

表 2–11　机场迎送服务的基本工作流程

步骤（Steps）	标准（Standards）	提示（Tips）
1. 接机前准备阶段	• 从预订处获取接机任务 • 核实航班信息与宾客信息 • 制作接机牌 • 按要求安排好接机车辆 • 安排好接机员工班次 • 填写接机任务单	• 至少提前一天领取接机任务，预留准备时间 • 安排任务前，核实宾客行程与航班信息 • 接机牌文字使用宾客熟悉语言
2. 接机	• 提前核实接机车辆安排 • 控制好时间，至少提前半小时到达机场大厅 • 核对航班信息，选择合适的接机位置	• 前往机场的时间要细致计算，并考虑交通拥堵时间 • 选择醒目的位置迎接宾客，注意关注所有疑似人员，避免漏接

续表

步骤（Steps）	标准（Standards）	提示（Tips）
2. 接机	● 接到宾客后主动提供行李服务，安排宾客车辆 ● 送客人上车，安排好行李 ● 陪同客人返回酒店	● 接机车辆离开机场后，及时通知酒店总台做好接待准备工作 ● 如确实没有接到宾客，应第一时间设法联系客人，如联系不上，应及时向酒店前厅部反馈 ● 陪同宾客返回酒店过程中，要注意与宾客交流，避免出现尴尬氛围
3. 到店	● 将行程进度及时反馈给前厅部 ● 到店后，协助门童处理好客人行李 ● 将宾客交接给门前应接人员 ● 做好事项交接 ● 完善接机任务登记表	● 可预见的服务内容一定要做好准备工作 ● 交接要做到位，避免多次麻烦宾客 ● 记录信息要完备
4. 送机前的准备工作	● 接受宾客送机的预约 ● 提前至少一天安排好送机车辆 ● 做好送机员工的安排 ● 填写送机任务单，做好送机任务的交接	● 接受送机预约时，要注意向宾客说明用车、服务等的费用问题 ● 为宾客安排送机行程时，要考虑道路交通用时和办理值机手续的用时，采取时间倒推的方式
5. 送机	● 提前确认送机车辆是否到位 ● 提前 15 分钟与宾客取得联系，确认出发时间 ● 送机人员在大堂等待宾客办理退房手续，陪同宾客乘车出发 ● 到达机场后，引领宾客前往值机大厅，并协助宾客提拿行李 ● 协助宾客办理值机手续 ● 送宾客至安检口，向宾客礼貌道别 ● 返回酒店交接任务，做好送机工作信息登记	● 送机出发时间一定要严格控制，防止误机 ● 协助办理值机手续时，酒店代表应该在座位选择、行李托运与安检通行方面给予宾客必要的建议 ● 送宾客进入安检口后，待宾客离开视野后再离开

拓展知识

（1）“酒店代表”是代表酒店欢迎客人的第一人，代表着酒店的形象，应该特别注意自身的仪容仪表，举止言谈要温和得体，酒店代表的工作场所不在酒店内部，需要员工有较强的独立处理问题的能力，要有责任心，思维敏捷，经验丰富，自觉性、灵活性、协调性、独立性要强。

（2）机场迎、送服务的用车和服务往往需要客人单独付费，并且因为车型不同，收费也不同，在宾客预约时需要详细介绍。一些特殊车型需要提前从店外预约，定车前需要与宾客详细确认用车安排，避免出现费用争议。

（3）接机、送机的宾客如果是 VIP，所有行程均要向大堂副理汇报，并保持持续沟通。

（4）值机手续中航空公司对于允许托运和允许随身携带的物品均有严格的要求，酒店代表长期开展接送机服务，需要充分了解管制规定，并给宾客必要的提醒，尽可能避免宾客出现不必要的麻烦。

模拟实训

请三名同学配合，分别扮演宾客、前台员工和礼宾部员工，按照标准流程，为宾客提供机场接机服务。

任务 6-2　门前应接服务

知识准备

门童，也称为迎宾员或门厅应接员，是代表酒店在大门口迎送宾客、为宾客提供相关服务的专门人员，是酒店形象的具体代表。门童的主要职责包括迎宾、指挥门前交通，做好门前保安工作、回答客人问讯、送客等工作。为做好门童工作，酒店通常选择形象高大魁梧、记忆力强、目光敏锐、接待经验丰富的人担任门童，也有部分酒店会聘用女性、长者或外国人做门童。

任务引入

一个下雨的晚上，机场附近某一酒店的前厅很是热闹，接待员正紧张有序地为一批误机团队客人办理入住登记手续，在大厅的休息处还坐着五六位散客等待办理手续。此时，又有一批误机的客人涌入大厅。大堂副理小刘密切注视着大厅内的情景。

“小姐，麻烦您了，我们打算住到市中心的酒店去，你能帮我们叫辆出租车吗？”两位客人从大堂休息处站起来，走到大堂副理面前说。“先生，都这么晚了，天气又不好，到市中心已不太方便了。”大堂副理想挽留住客人。

“从这儿打的士到市中心不会花很长时间吧，我们刚联系过，房间都订好了。”客人看来很坚决。

“既然这样，我们当然可以为您叫车了。”大堂副理彬彬有礼地回答道，她马上叫来行李员小秦，让他快去叫车，并对客人说：“我们酒店位置比较偏，可能两位先生需要等一下，我们不妨先到大堂吧等一下好吗？”

“好吧，谢谢。”客人被小刘的热情打动，然后和她一起来到大堂吧休息处等候。

天已经很黑了，雨夹着雪仍然在不停地下，行李员小秦始终在路边拦车，但 10 分钟过去了，也没有拦到一辆空车。客人等得有些焦急，不时站起身来观望有没有车。大堂副理安慰他们说：“今天天气不好，出租车不太容易叫到，不过我们会尽力而为的。”然后又对客人说：“您再等一会，如果叫到车，我们会及时通知您的。”

又是 15 分钟过去了，车还是没拦到。客人走出大堂门外，看到在风雪中站了 30 多分钟、脸已冻得通红的行李员小秦，非常抱歉地说：“我们不走了，你们服务这么好，我们就住在这儿吧，对不起。”还有一位客人亲自把小秦拉进了前厅。

任务分析

酒店开门营业，来的都是客，凡是客人都应该受到酒店全体员工的高度重视。正是因为他们的光顾，才为我们提供了一切的经济来源，所以我们才说客人是我们的衣食父母。我们的一切工作都应该是想顾客之所想，急顾客之所急，做顾客之所需。

案例中的两位顾客，本已打算离开酒店，到市中心去住宿，当见到酒店在真心实意地为他们着想时感动了，最后决定还是留下。客人追求的是一种“实质服务”的心理满足。虽然追求物美价廉、质价相称是顾客的普遍心理，但温暖人心的服务更让人回味无穷。

通过这件小事给我们的启发是酒店员工应该具有全员营销意识，把握一切商机进行推销。每一位进入酒店大门的客人都可能成为酒店的潜在客人或对潜在客源有影响的人。

任务实施

要求：按照酒店门童工作服务规范要求，完成客人门前应接服务（见表2–12）。

▲工具：笔、工作本等

▲场地：前厅实训室

▲角色：两名同学为一组进行门童服务沟通情景模拟，1 人扮演客人，1 人扮演门童

表 2–12　门前应接服务的基本工作流程

步骤（Steps）	标准（Standards）	提示（Tips）
1. 岗前准备	● 检查仪容仪表 ● 做好班前交接 ● 了解当天酒店重要客人信息 ● 了解当天酒店承接的会议和活动信息	● 门童是站在酒店对客服务的最前沿，仪容仪表尤为重要 ● 门童的工作场所在酒店正门口，需要时刻做好回答宾客咨询的准备
2. 迎接宾客到店	● 引领宾客车辆停到合适位置 ● 面向车尾，外侧手打开车门至 70°，内侧手为客人护顶 ● 面带微笑，礼貌使用敬语欢迎宾客，提醒宾客带好随身行李 ● 在行李员未到时，提前帮助宾客卸下行李 ● 与行李员做好交接，请行李员引领宾客前往总台 ● 做好到店车辆信息记录	● 注意合理疏导门前交通，避免出现车辆堵塞或安全事故 ● 开启车门的顺序，要注意车上乘客的情况，做出准确判断 ● 宾客下车后须等待其走到安全区域，再轻关车门，避免夹住宾客衣服 ● 如果客人下车后，行李员未及时来交接，门童应该主动补位 ● 实施护顶时需要尊重宾客的信仰 ● 乘坐出租车到店的宾客，等宾客结完账后再开车门
3. 送别宾客离店	● 引导宾客乘用车辆到合理位置 ● 协助行李员安放好宾客行李 ● 为客人开车门、护顶，请客人上车 ● 轻声向宾客致意，祝宾客旅游愉快 ● 引导车辆安全驶出门厅区域 ● 目送宾客车辆离去 ● 做好车辆离行记录	● 如果宾客无自用车辆，需主动询问是否需要安排出租车 ● 普通宾客先安排行李，再请客人上车 ● VIP 客人先请客人上车，再安排行李 ● 实施护顶时需要尊重宾客的信仰 ● 注意门前行车安全，避免出现车辆堵塞或安全事故

拓展知识

（1）车门开启顺序。

逻辑一：遵从乘车礼仪。一名门童时，先开启后排右侧车门，待全部乘客全部下车后，再开启前排右侧车门。二名门童时，先同时开启后排两侧车门，再开启前排右侧车门。

逻辑二：遵从社交礼仪。内宾、长辈、领导优先，外宾、女士优先。

（2）若宾客行动不便，则应协助他们下车，并提醒注意台阶。

（3）在为客人护顶时，要注意伊斯兰教徒、佛教徒无须护顶；无法判断客人身份时，可将手抬起而不护顶。

（4）如遇雨天，应打伞为客人服务，并礼貌地请客人擦干鞋底后进入大厅。

（5）如果是整团客人抵离店，团队中如有儿童，应礼貌、委婉地提醒家长陪同，特别是进出旋转门、自动门或穿行于车场时务必注意安全。由于客人乘坐的是大巴车，客人上车时，无须护顶，门童应站在车门一侧把住车门，一边点头致意，一边注意客人上下车过程，要主动协助行动不方便者上下车。团队人员多时，为保证客人财产安全，要区分非团队的其他人员，密切注意和清除酒店门口附近的闲杂、可疑人员。

模拟实训

请两名同学配合，分别扮演宾客与门童，按照标准流程，为宾客提供门前迎接和司门服务。

任务 6-3　行李服务

知识准备

（1）行李服务：指一系列与行李运送有关的礼宾服务，但又不仅仅局限于行李运送本身，根据服务场景可分面向散客的进店行李和离店行李服务，面向团队的进店行李和离店行李服务，面向住店客人换房的行李服务，服务过程涉及礼仪引领、物品运送、酒店介绍、房间介绍、产品推销与推荐等。

（2）行李服务登记表：通常包含日期、起止时间、房间号、行李件数、员工签名，既是为了记录行李服务过程的重要信息，又是为了监管行李员工作活动的合理性。

（3）标准敲门程序：酒店工作人员进入客房时，不论房态是否为住客房，均必须履行标准的敲门程序（敲门—报称—敲门—报称—敲门—报称—开门15°—报称—完全打开），防止误开房门或者误闯房间，同时要求员工必须养成敲门的习惯。

任务引入

汪小姐是位香港人，在一家英国驻北京的商社任职，英语很好，也会讲普通话。由于长期在外企工作，养成了一种办事认真负责、讲究效率的工作习惯。无论从外表还是言谈话语当中不难看出此人属于挑剔型的客人。汪小姐经常光顾百花酒店，对酒店的情况基本熟悉，这里服务员的业务素质很高，而且也非常有礼貌，一切都令汪小姐满意，她认为这所酒店是她所住过的酒店里最好的酒店之一。

此次她在酒店住了几日，临走时，她给行李房打电话，请行李员帮忙把行李提到酒店大门口，汪小姐本人至账务处结账，一切都很顺利，换钱、结账、付款只用了几分钟。走到大门口，拿行李的服务员正在门口等候汪小姐的到来。行李员说："小姐我帮您叫车，顺便把行李给您提上去吧。"汪小姐对酒店服务员的礼貌服务非常满意，说道："谢谢你的帮助，我自己来吧"，顺手把行李接过来。就在这时她无意发现行李少了一个轱辘，顿时很不高兴，脱口问行李员："你怎么把我行李给磕掉一个轱辘。"行李员一再解释说："箱子本来就是坏的，根本不是我给磕坏的。"客人听后很不高兴地说："你弄坏了我的行李箱还不敢承认。"行李员听后觉得自己很冤枉，正想用什么办法来解决更合适，站在大厅的值班经理及时来到客人面前。先做自我介绍，然后问客人："您有什么事需要我帮忙吗？"汪小姐把经过一说，值班经理听后一面仔细观察了箱子，一面极为诚恳地表示歉意，并愿意赔偿所造成的损失。最后还向客人表示感谢，是您及时让我们知道了工作中的差错。汪小姐听完这番话后，心情马上好转，说道："我忙着要走，箱子的事就算了。"她不但没让酒店赔偿损失，反而对酒店的管理与服务水平表示赞赏。

任务分析

人们的服务消费需求都是为了满足本身的物质需要和精神需要，这是酒店客人的消费共性。但是，人们的服务消费需求除了具有普遍的共性外，还有着各自不同的特点，从而使每个人的服务消费都有着各自的个性特点，这就是服务消费需求的特殊性。因此，不同的服务应针对顾客不同的个性需要，有着各自的服务重点和服务特色，满足不同顾客的心理需要和精神需要。

本案例中把爱挑剔的女客人的不满意变成对酒店的歉意与好感，充分体现了该酒店管理人员的素质与服务的水平。在我们日常的服务工作中经常会遇到意想不到的事情，有经验的管理人员与服务人员只有把事情处理好，客人才会对酒店满意。

任务实施

1. 散客行李服务（进店与离店）

要求：按照散客行李服务的规范要求，完成服务工作（见表 2-13）。

▲工具：行李箱、行李车、房卡、笔、行李服务登记表等

▲场地：模拟前厅

▲角色：两个同学为一组模拟行李寄存服务，1 人扮演宾客，1 人扮演行李员

表 2-13　散客行李服务基本工作流程

步骤（Steps）	标准（Standards）	提示（Tips）
1. 迎接	● 关注宾客动向，主动问候 ● 行李较多或较重时，应该使用行李车运送	● 门童为宾客开车门时，行李员应该主动上前为宾客卸行李 ● 宾客自提行李进店，行李员应该主动上前询问是否需要提供行李服务 ● 对于客人要求自提的行李，不应该强求 ● 接过行李时，应该与宾客或门童确认行李数量与完好程度

续表

步骤（Steps）	标准（Standards）	提示（Tips）
2. 引领	● 引领宾客至总台办理入住手续 ● 站在宾客身后约 2 米的距离静候 ● 按照总台的要求引领宾客前往房间 ● 沿途介绍酒店各经营场所 ● 按标准程序敲门进房	● 等待办理入住手续时，需保持标准站姿，精神饱满，不要东张西望 ● 主动为客人控电梯，请客人先进先出 ● 上楼梯时请客人先上，下楼梯时请员工在前引领 ● 沿途介绍酒店营业场所信息，注意把握推销机会 ● 严格执行敲门程序，并向宾客介绍酒店房门的开启方式
3. 进房	● 打开房门，确认房态 ● 请宾客进房 ● 安放好宾客行李 ● 介绍房间内特色设计与房内服务 ● 向宾客道别，离开房间 ● 退出房间，关闭房门 ● 从员工通道返回大堂 ● 登记散客待登记表	● 快速观察房间物品与设备状态，判断是否是 OK 房 ● 介绍房间设施应采顺时针或逆时针的顺序，避免机械介绍 ● 注意提醒宾客关注房内消防设施设备情况 ● 留下礼宾部服务电话 ● 退出房间时注意礼貌礼节
4. 离店行李预约	● 电话预约 ● 当面预约 ● 做好记录与交接	● 如果宾客要求立即离店，则应该立刻前往 ● 如果宾客提前预约，须核实宾客房号、姓名，确认好退房时间 ● 对于预约的行李服务，须做好详细交接，并安排人员
5. 离店	● 根据预约时间准时前往宾客房间 ● 按酒店标准敲门 ● 协助宾客搬运行李 ● 引领宾客前往总台办理退房手续 ● 行李员携行李立于宾客身后 2 米位置等待 ● 引领宾客离店，与门童做好交接，为宾客安排车辆，安置好宾客行李	● 由于宾客退房行李的量很难预估，取件时尽量携带大号行李车 ● 到达房间时，如果宾客仍未收拾完行李，行李员应该先在房门外等待，尊重宾客隐私 ● 引领时注意礼貌礼节 ● 总台等待阶段应该注意个人形象

2. 团队行李服务（进店与离店）

要求：按照团队行李服务的规范要求，完成服务工作（见表 2-14）。

表 2-14　团队行李服务基本工作流程

步骤（Steps）	标准（Standards）	提示（Tips）
1. 抵店迎接，行李交接	● 提前排定团队行李服务员 ● 门前迎接，接收行李 ● 整理收集，临时保管	● 大型团队人多、房多、行李多，通常一个团队需要安排两名以上的员工协作完成 ● 收取行李时，如果是与团队行李负责人交接，需要填写行李清单，双方负责人签字确认件数与完好程度；如果宾客自提行李进店，行李员接收行李时，应该为每位宾客的行李上挂上团队行李卡 ● 团队入住手续办理时间和拿房时间较长，等待期间，可将行李在大堂合适位置集中保管，使用行李绳或行李网保障安全
2. 送房	● 安排专人负责引领宾客进入房间，安排两名行李员专门负责运送宾客行李进房 ● 从总台拿取团队分房表，根据房号与宾客姓名安排行李送房顺序 ● 妥善进行行李装车 ● 抵达房间门口，一位行李员负责在门外看守行李车，另外一位行李员取件、敲门、进房、安放行李 ● 通过员工电梯上下 ● 填写行李服务登记表	● 团队房多、人多、行李多，送房时引领和行李应由不同人员分别负责，或先引领宾客进房，行李稍后再送房 ● 对照分房表，安排行李，避免行李送错房 ● 送房顺序考虑"单次同层、同侧"的逻辑，优化行李车行车路线，提高效率，减少占用电梯与通道的时间 ● 行李装车考虑"先上后下、同房同车"的逻辑，方便行李卸车，确保行李安全，减少打扰宾客的频次 ● 如果宾客不在房间，应请楼层服务员协助开启房门，行李员不得领取万能钥匙自行开门
3. 离店预约	● 接收团队离店行李服务的预约 ● 对于未预约的团队，应提前与团队负责人确认是否需要行李服务 ● 约定行李取件时间，告知宾客提前做好安排 ● 做好团队行李服务任务交接 ● 排定好团队行李服务人员班次	● 团队房间多，退房前收取行李时间长，须与宾客用"时间倒推"的方式约定行李收取时间 ● 请团队负责人将行李收取时间务必通知到每位宾客 ● 询问是否需要提供统一叫醒服务 ● 团队退房时间紧，如遇多个团队同时要求行李服务，需要妥善安排员工开展服务 ● 耐心解释，注意礼貌礼节

续表

步骤（Steps）	标准（Standards）	提示（Tips）
4. 收取行李	● 提前到总台拿取团队分房表 ● 设计好行走路线，依据分房表依次收取行李 ● 两人一组配合完成行李收取 ● 敲门、取件、每件行李上标挂行李牌，注明房号与宾客姓名 ● 在团队表格上做好行李收取记录 ● 收集至大堂，临时保管，等待团队退房	● 使用大号行李车收集行李 ● 收取行李的路线同样采用“同层、同侧”原则 ● 如果宾客未完成行李收整，行李员应该在门外短暂等待，如果宾客还需要很长的时间整理行李，可向宾客说明原因，先去其他房间，避免耽误团队整体行程
5. 离店行李交接	● 与团队行李负责人进行行李交接 ● 与宾客进行个别行李交接 ● 协助宾客装运行李 ● 填写行李服务登记表	● 与团队行李负责人交接，需要填写行李清单，双方负责人签字确认件数与完好程度 ● 如果宾客进行单人交接，需根据宾客的证件和退房记录单，查询行李标牌，依次发放，避免行李错拿 ● 行李装车需轻拿轻放，杜绝暴力装卸

3. 换房行李服务

要求：按照换房行李服务的规范要求，完成服务工作（见表 2–15）。

表 2–15　换房行李服务基本工作流程

步骤（Steps）	标准（Standards）	提示（Tips）
1. 接收任务	● 接受总台通知 ● 安排人员与行李车	● 换房时的行李服务往往由总台通知行李员，需要与总台员工作做配合
2. 进房	● 携带大号行李车，先到总台询问任务要求和换房信息 ● 从员工通道前行宾客原房间 ● 按标准程序敲门 ● 协助宾客装运行李 ● 带上房门，收取宾客手中原房间钥匙	● 换房时，行李员往往需要协助总台办理部分换房手续 ● 换房时，宾客行李一般较为散、较多，通常需要携带大号行李车，便于行李搬运 ● 宾客开门后，如果宾客未完成物品收整，可先在门口等待，或者按宾客要求协助搬运行李

续表

步骤（Steps）	标准（Standards）	提示（Tips）
3. 换房	• 引领宾客前往新的房间 • 按标准程序敲门进房，首次进入的房间，由行李员进行开门 • 确认房态无误后，请宾客进入房间 • 按照宾客要求，安放好行李 • 介绍房间特色设计与设施设备 • 将新房间的房卡交由客人 • 完成总台交办的其他任务	• 核实房态是 OK 房后，再请宾客进入，如房态有异常，应暂停宾客进入 • 注意保护宾客隐私 • 新的房型如果与原房间不同，则应重点介绍，如果房型一致，也可只做简单介绍 • 注意礼貌礼节
4. 返回	• 向宾客道别，祝宾客住店愉快 • 退出房间，关闭房门 • 从员工通道回到大堂 • 到总台进行交接，交还代办任务资料 • 填写行李服务登记表	• 注意礼貌礼节

拓展知识

（1）大堂行李服务处柜台的设计：行李服务隶属于礼宾部，通常礼宾部有专门的服务柜台，但有些酒店为了方便管理，礼宾的柜台有可能远离大堂入处，这样的设计也就使行李员很难关注到店外到达宾客的情况，因此这些酒店往往会再专门设计一个大堂行李服务处的柜台，位置往往处于酒店大门的入口的一侧，方便当值的员工能够及时关注所有的到店客人。

（2）为了能够更好地完成对客行李服务工作，酒店往往要求行李组领班及行李员必须能吃苦耐劳，做到眼勤、嘴勤、手勤、腿勤；善于与人交往，和蔼可亲；熟悉酒店内各条路径及有关部门的位置；掌握酒店内餐饮、客房、娱乐等服务内容、服务时间、服务场所及其他相关信息；掌握酒店所在地主要名胜古迹、旅游景点及购物场所的信息。

（3）向团队客人收取行李时，要标记客人的身份信息，而之后送房时无须核对客人的行李交接卡牌，无须为客人提供行李提取卡，因此，许多酒店会专门设计用于团队行李服务时标注宾客信息的“团队行李牌”。“团队行李牌”往往只设计一联，主要信息为宾客的团队号、房号、姓名、日期等，主要的功能是进行行李标记，体型小、使用方便、印制成本也低。

（4）提供换房行李服务时，总台有可能会在征得宾客同意的情况下，要求行李员实施“宾客不在现场的换房行李服务”。此时的行李员不能独自一人进入宾客房间，应该及时汇报大堂副理，或者请总台安排楼层领班和服务员一起共同进入宾客房间，对于房内物品，采取“少触碰、少整理、原址归位”的原则进行处置。

（5）房门封锁业务是行李员按照总台的要求，对宾客入住的房间进行封锁的操作，此项服务是根据目前多数酒店客房智能门锁的工作原理设计的。行李员按总台的要求执新制作的房门钥匙在酒店房门上进行一次开启，宾客手中的房间钥匙将立即失效。

模拟实训

请两名同学配合，分别扮演宾客和行李员，按照标准流程，为宾客提供散客进店提供行李服务。

任务 6-4　委托代办服务

知识准备

委托代办服务：指酒店为了给宾客提供更好的消费体验，帮助宾客处理他们想做但没有时间做或者没有能力做的事情。委托代办服务的范围不仅仅局限在酒店内部，往往会延伸到城市内甚至城市以外或更远的区域。

委托代办的事项范畴：但凡是宾客提出的，只要是“合法、合理”的委托要求，酒店都将尽一切可能为宾客提供代办服务，但各酒店的委托代办服务能力存在差异。

委托代办协议：酒店为宾客提供有偿或无偿的委托代办服务时，为了明确委托方与代办方的权利与义务，双方往往要签订委托代办协议，通常酒店会根据常规服务项目要求，提前制订好委托代办协议的固定格式文本。

任务引入

某日上午，一位女住客急匆匆地来到酒店大堂的礼宾部，手里还拿着两张发票，她径直走到身着燕尾服的“金钥匙”服务员小方面前，问道：“您是酒店的‘金钥匙’吗？有这样一件事您帮一帮我，今天早上我是乘坐出租车来到你们酒店的，刚才我收拾物品时才发现我把摄影机的架子忘在出租车的后排座位上了，更可气的是司机撕给我的发票是长途汽车的发票，而不是出租车的发票，这让我回去怎么报销呢？”客人语气急促地说。

小方说：“小姐，您别着急，让我们一起想一想办法。请问您早上大约几点到达我们店的？”

客人说：“具体时间记不清了。”

“请出示一下您的住房卡好吗？”小方接过客人递过来的住房卡并告诉客人在大堂吧稍等一下，随即到前台接待处，查询了这位客人办理入住的具体时间。又到大门口询问是谁帮助这位客人打开的车门。行礼员小卢说：“是我接待这位女士的，当时我上前为这位女士拉车门、护顶，她示意让我到车后备箱取行李，打开后备箱后一共拿出两个皮箱，当时我还仔细看了一下没有其他行李，这时后面又有其他的出租车来了，我就赶紧关了车门，并迅速在提示上记下了这辆出租车车号交给了她，帮着提着行李来到了前台。”小方分析，一方面，是客人自己遗失了一件行李，她可能怕把摄影架压坏弄脏，自己坐在前排，摄影架没有放在车后备箱而单独放在了车的后排，下车时忘了提醒行李员；另一方面，行李员也一时疏忽，没有检查一下。现在唯一的办法是看能不能找到出租车司机，那就要通过行李员留给客人的那张提示卡了。小方快步来到大堂吧，那位女士也充满了期盼地迎了过来。

小方说：“让您久等了，我问一下早上您下车时，行李员给您的那张提示卡还在吗？”

客人：“好像还在，我找一下。”她在手提袋里翻找起来，终于找到了一张团成一团的小小的提示卡。

“就是这张小小的提示卡，上面有那辆出租车公司的名字和出租车牌号。给我吧，我马上去和该公司联系一下。”小方微笑着说。

小方立即通过礼宾部联系到了出租车调配中心，找到了这家出租车公司的电话，在电话里向对方说明了情况，对方表示将以最快的速度找到司机，态度诚恳地做出了口头承诺：“我们马上派人在半小时内把发票和摄影架送到酒店前厅部，决不耽误客人的时间，抱歉了。”

20分钟后，一辆出租车停在了酒店门口，司机把发票和摄影架送到了前厅部。小方迎上前去，对司机表示了感谢，司机也向客人表示了歉意。拿到摄影架和发票的付小姐高兴地笑着说："太谢谢你们了，谢谢你们的细心和周到，还有这张给我留下美好回忆的提示卡。"客人感激不已，脸上露出了灿烂的微笑。

任务分析

这是一个帮客人及时解决困难的服务案例。在酒店服务程序中，很多酒店在客人上下出租车时，都要做一个提示卡的记录，上面写有出租车公司的名字和车牌号。虽然是一个简单的服务项目，关键时刻却起到很大作用。在本案例中，小方接到客人的求助之后，就是从一张提示卡着手打开缺口，帮助客人拿到了摄影架和发票。这充分地说明，酒店向客人发放提示卡是完善酒店服务必不可少的服务项目，小小提示卡在酒店服务中起着重要作用。虽然比较烦琐，但应该坚持这样做。客人求助酒店完成本职以外的工作时，有关人员一定要尽力满足客人的要求，这是十分重要的。

任务实施

要求：按照酒店代办服务规范要求，完成客人代办服务（见表2–16）。

▲工具：电话机、笔、工作本等

▲场地：前厅实训室

▲角色：按照步骤分组进行代办服务项目的情景模拟，分别根据代办项目，进行角色扮演

表2–16　常见委托代办服务项目

步骤（Steps）	标准（Standards）	提示（Tips）
1. 代客泊车	• 酒店门前迎接客人，提供迎接服务与行李服务 • 确认泊车服务委托 • 提供车辆钥匙寄存牌 • 将宾客车辆安全开至停车库，妥善停放	• 门前候客，需注意礼仪规范 • 宾客交接车辆时，提醒宾客处理好车内贵重物品 • 车辆停入车位后，认真检查停放是否安全，车辆门窗是否关闭妥当 • 宾客车辆钥匙保管妥当，每日交接清点，定时核实托管车辆安全状况

续表

步骤（Steps）	标准（Standards）	提示（Tips）
	• 妥善保管宾客车钥匙，登记服务记录表格，做好业务交接 • 宾客离店时，出示车辆钥匙寄存牌，泊车员将车辆开至酒店门前交给宾客，收回车辆钥匙寄存牌	
2. 代客租（车）	• 整理酒店内部、外部租车信息资讯 • 接受宾客租车委托 • 详细介绍车辆租赁收费标准和注意事项 • 询问宾客用车要求 • 填写委托代办协议 • 做好用车信息记录 • 收取宾客租车定金，填收款收据 • 再次向宾客确认所有租车服务信息 • 向客人道别，填写服务记录表格，做好业务交接 • 联系酒店车队或店外车辆租赁公司，确认租车安排 • 车辆安排妥当后，给宾客提供反馈 • 用车当天提前与租赁双方进行行程确认 • 与宾客进行费用结算，开出服务发票	• 充分收集租车资讯，建立常态化联系，确保车源充足 • 耐心、详细解读租车收费标准，注意时长、里程和行驶距离的规定 • 了解宾客租车要求，包括用车时间、乘员人数、车型要求、行驶范围、是否需要驾驶员等 • 及时跟进租车进度，并及时向宾客反馈，如遇问题及时沟通 • 由于任务时间跨度大，因此要交接到位，并在宾客用车前再次与租赁公司及宾客进行确认 • 费用结算时，记得向宾客回收定金收据
3. 代客寄（快递）	• 礼貌迎宾 • 接受宾客快递要求 • 介绍快递服务收费情况 • 听取宾客快递要求 • 收取快递物品，核验物品是否符合法律规定 • 留下寄件人与收件人信息 • 填写委托代办协议，收取快递预付款 • 寄件后反馈信息给宾客、找零	• 熟悉快递寄送规定与收费标准 • 推荐符合宾客需要的快递公司 • 快速联络快递员上门取件，不可积压 • 详细确认寄件人和收件人信息，避免错寄

续表

步骤（Steps）	标准（Standards）	提示（Tips）
4. 代客订（餐）	• 整理酒店内部、外部特色餐厅资讯 • 接受宾客订餐委托 • 询问宾客用餐信息，推荐合适餐厅 • 做好订餐信息记录 • 再次向宾客确认订餐信息 • 向客人道别，填写服务记录表格，做好业务交接 • 联系餐厅，确认订餐安排 • 订餐安排妥当后，给宾客提供反馈 • 与宾客和餐厅保持有效联系，及时处理突发事件	• 充分收集餐厅资讯，建立常态化联系，确保预订资源充足 • 了解宾客用餐要求，包括用餐时间、人数、用餐场地要求、餐标范围、菜肴需求等 • 及时跟进订餐进度，并及时向宾客反馈，如遇问题及时沟通 • 由于任务时间跨度大，因此要交接到位，并在宾客消费前做好跟进沟通与确认
5. 代客购（物）	• 整理酒店周边各类购物场所资讯 • 接受宾客代购委托 • 介绍酒店礼宾部外出代购物品收费标准 • 询问宾客购物信息 • 做好购物信息记录 • 填写委托代办协议，收取购物预付款 • 再次向宾客确认购物信息 • 向客人道别，填写服务记录表格 • 安排人员外出代购 • 将购置的物品送至宾客房间，与宾客进行费用结算，向现付的宾客提供服务费发票	• 所有代购均需要通过正规渠道进行 • 充分收集购物资讯，建立常态化联系，确保采购资源充足 • 了解宾客购物要求，包括品牌、规格、数量、可接受价格范围、替代品信息、购买时间、采购企业要求等 • 及时跟进外出采购进度，并及时向宾客反馈，如遇问题及时沟通 • 远距离采购发生的交通费需由宾客承担，须向宾客解释清楚 • 如采购的物品为药品，只能按宾客要求采购，不能向宾客做出任何形式的建议与暗示 • 保留所有环节的采购票据和清单
6. 代客借（物）	• 整理酒店内部可出借物品清单 • 接受宾客借用委托 • 询问宾客借物信息 • 做好借物信息记录 • 填写委托代办协议 • 收取借物押金，开具押金收据 • 为宾客提供借用物品，并提醒使用和归还要求 • 向客人道别，填写服务记录表格，做好工作交接 • 收回借用物品与押金收据，检查无误后，退还押金	• 配置酒店常用借用物资 • 根据物品价值，确定押金额度 • 关注借物房间宾客的住宿与退房情况，做好酒店管理信息系统标注与提醒，避免宾客退房时未及时退还借用物品 • 宾客归还物品时务必收回押金收据

拓展知识

国际酒店金钥匙组织 UICH（Union Internationale Des Concierges D’hotels）：1929 年起源于法国巴黎，是由酒店委托代办员组成的一个非官方、民间互助组织，通过金钥匙成员构建的服务网络，为宾客提供个性化、专业化、国际化的品牌服务。

酒店委托代办员以个人身份通过推荐，申请加入金钥匙组织，经过培训与考核成为组织会员，所有会员本着“友谊、协作、服务”的工作理念，帮助各酒店的金钥匙委托代办员为宾客提供“满意 + 惊喜”的个性化代办服务。酒店金钥匙们在提供委托代办服务时坚持“尽管不是无所不能，但是也是竭尽所能”“在不违反法律和道德的前提下，为客人解决一切困难”。

中国于 1997 年成为国际金钥匙组织的第 31 个成员国，并建立了中国金钥匙组织。金钥匙组织的诞生和金钥匙服务理念的引入有效地提升了酒店委托代办服务的水平，目前金钥匙服务已经从酒店行业延伸到更多的服务行业。

模拟实训

1. 两名同学配合，分别扮演宾客与门童，为宾客提供司门服务。

2. 三名同学配合，分别扮演宾客、总台接待员、行李员，为宾客提供散客行李进店服务。

任务考核

一、单选题

1. 关于提供接机服务，以下表述正确的有（　）。

A. 酒店接机服务都是免费的

B. 礼宾员要提前一天向预订处确认接机服务任务

C. 机场接机时，应该用喇叭广播找人，这个效率更高

D. 接机牌应该统一使用英文书写，以体现酒店的高端

2. 门童提供司门服务时（　）。

A. 必须用左手为宾客护顶

B. 必须用右手为宾客护顶

C. 必须用内侧手为宾客护顶

D. 必须用外侧手为宾客护顶

3. 下面关于散客行李服务的表述不正确的是（　）。

A. 行李员应该为每一位入住的散客提供行李服务

B. 散客行李服务分为进店行李服务和离店行李服务

C. 散客行李服务通常由两名员工一起合作才能完成

D. 散客行李服务不仅仅是为宾客搬运行李

4. 团队离店行李服务时，行李员操作不正确的有（　）。

A. 提前和团队负责人预约

B. 提前排定人员做好团队行李服务

C. 提前五分钟到宾客房间收取团队行李

D. 对照团队分房表依次上门收取团队行李

5. 下面关于委托代办服务表述错误的是（　）。

A. 委托代办服务的范围不仅仅局限于酒店内

B. 客人提出的所有代办需求都要为宾客提供

C. 委托代办服务过程中发生的费用由宾客承担

D. 接受宾客的委托代办服务时应该与宾客签订委托协议

二、多选题

1. 与宾客确认接机要求时，需要确认的信息包括（　）。

A. 航班信息

B. 宾客人员信息

C. 接机车辆要求

D. 预订房间数

2. 提供司门服务时，不能护顶的客人包括（　）。

A. 佛教信徒

B. 伊斯兰教信徒

C. 基督教信徒

D. 道教信徒

3. 行李员引领宾客时做法正确的有（　）。

A. 客人办理入住时，行李员应该立于宾客身边 1 米之内

B. 引领宾客上楼梯时应该让宾客先上

C. 引领宾客下楼梯时应该自己先下

D. 引领宾客搭乘电梯时，应该让宾客先进先出

4. 关于提供换房行李服务时操作正确的是（　）。

A. 接到总台通知以后，行李员要先到总台进行对接

B. 行李员不可独自一人为不在店的宾客提供换房行李服务

C. 行李员到达宾客房间时，如果宾客仍在收拾行李，应在门外等候

D. 为宾客提供换房行李服务后，应该提醒宾客去总台领取新的房间钥匙

5. 为宾客代购药品时，以下操作正确的是（　）。

A. 购买宾客要求的品牌

B. 购买宾客要求的规格

C. 购买宾客要求的数量

D. 购买不到时，积极向宾客推荐同类药品

三、判断题

1. 提供送机服务时，应该确保宾客至少提前 20 分钟到达机场。（　）

2. 提供司门服务时，一律采取女士优先的原则。（　）

3. 提供离店行李服务时，为了更加便捷，行李员最好不要携带行李车前往客房接行李。（　）

4. 团队行李收集后，送房前应该将行李全部放入行李房，避免行李丢失。（　）

5. 优秀的委托代办服务，不应该与宾客过分强调服务的收费问题。（　）

参考答案

一、单选题：1. B　2. C　3. C　4. C　5. B

二、多选题：1. ABC　2. AB　3. BCD　4. ABC　5. ABC

三、判断题：1. ×　2. ×　3. ×　4. ×　5. ×

任务 7 旅馆业治安管理信息系统操作

证书技能要求

1. 了解旅馆业治安管理信息系统的功能和作用。

2. 掌握旅馆业治安管理信息系统的专业术语。

3. 能够对旅馆业治安管理信息系统有基本认知。

任务概述

旅馆业治安管理信息系统（也称旅业系统、PSB 等）是公安机关部署、酒店住宿企业使用的信息系统，由酒店前台接待录入并上传顾客信息（姓名、身份证号码、入住时间、房间号码等），实现酒店的治安管理。

根据《旅馆业治安管理办法》相关规定，酒店前台员工需要查验顾客身份证件，确认身份证件有效后，及时通过旅店业治安管理信息系统上传。在我国，有效身份证件包括身份证、军官证、武警证、港澳通行证等，外籍顾客通常使用护照。

旅馆业治安管理信息系统与人口信息系统（包括流动人口和重点信息系统）、CCIC 系统（全国犯罪信息中心信息查询平台）、机动车管理和盗抢信息系统等建立后台数据连接，能够及时发现问题，有效避免安全隐患。

酒店顾客入住前，需要查验身份证件，确保人证一致，在确认证件有效后，应通过旅馆业治安管理系统上传相关数据，确保酒店经营的合法合规，防范酒店安全隐患。酒店涉及人员流动的所有操作，包括顾客入住、离店、换房以及访客操作时，需使用旅业系统上传数据。

学习内容

1. 旅馆业治安管理系统的功能、使用和注意事项。

2. 能够识别常见身份证件，能够对身份证的有效性进行识别。

3 能够在旅馆业治安管理系统完成入住、离店操作。

任务 7-1 有效身份证件的识别

知识准备

1. 酒店治安管理主要手段——验证登记制度

验证登记制度是酒店治安管理的核心，《旅馆业治安管理办法》第六条规定，旅馆接待旅客住宿必须登记。登记时，应当查验旅客的身份证件，按规定的项目如实登录。所有酒店住宿企业都必须实行验证登记制度。查验身份证件，如实按照旅馆业治安管理信息系统的规定登录旅客基本情况，在旅馆治安管理和安全防范以及整个社会公共安全中有着重要意义。

（1）验证登记既是严密管理的标志，又是有效的管理手段，在相当程度上可以预防和查控不法分子以假姓名、假身份、假事由等混入旅馆进行落脚藏身和各种违法犯罪活动。

（2）具体详细地登录在册，便于鉴别住客真实身份，掌握住客基本情况，更好地维护旅馆业的治安秩序，保障旅馆和旅客生命财产安全。

（3）通过验证登记，从中发现可疑情况，协助公安机关核查各种被通缉、通报的人员，为旅馆的安全防范和打击违法犯罪活动提供信息、积累资料。在我国，有效身份证件如表 2-17 所示。

表 2-17 有效身份证件

人群分类	有效身份证件	注意事项
16 岁以上中国公民	居民身份证或临时居民身份证	注意证件有效期 居住地为中国内地的中国公民不可以使用护照 居住地为境外的中国公民可以使用护照
16 岁以下中国公民	居民身份证或户口本	注意证件有效期
中国人民解放军军人	军人身份证	注意证件有效期
中国人民武装警察	武装警察身份证	注意证件有效期

续表

人群分类	有效身份证件	注意事项
香港、澳门居民	港澳居民往来内地通行证	注意证件有效期
台湾居民	台湾居民来往大陆通行证或者其他有效旅行证件	注意证件有效期
外国公民	护照	除证件有效期，应关注签证有效期 外国居民获取中国永久居留证的，可以使用（永居证俗称“中国绿卡”）

2. 主要要求

（1）四实：实名（住宿人与登记人要相符）、实数（登记人数与实际入住人数要相符）、实情（如实登记住宿人证件信息）、实时（登记后要立即上传住宿信息）。

（2）未成年人入住五必须。2021 年 5 月，根据《未成年人保护法》《治安管理处罚法》《旅馆业治安管理办法》等法律法规，为切实防范在旅馆中侵害未成年人案件的发生，保护未成年人身心健康，公安部对旅馆经营者接待未成年人入住提出“五必须”要求：必须查验入住未成年人身份，并如实登记报送相关信息；必须询问未成年人父母或者其他监护人的联系方式，并记录备查；必须询问同住人员身份关系等情况，并记录备查；必须加强安全巡查和访客管理，预防针对未成年人的不法侵害；必须立即向公安机关报告可疑情况，并及时联系未成年人的父母或其他监护人，同时采取相应安全保护措施。

任务引入

酒店顾客刘先生入住酒店，前台接待员在询问其姓名、确认预订后，应查验其身份证明（身份证 / 护照等），并判断该身份证明的有效性。如果身份证明有效且为本人证件，可以继续办理入住手续，如果人证不一致或证件无效，应拒绝其入住。

任务分析

证件有效性确认是办理入住的前提条件，前厅部接待员应确定两点：一个是人证一致，即通过照片等信息确定顾客与证件的对应关系，人脸识别技术大幅度提高了这一操作的速度和准确性；另一个是确认身份证件的有效性，应结合顾客信息、证件信息和背景信息进行分析，确保证件合法有效。

任务实施

要求：按照旅馆业治安管理信息系统的操作要求，完成系统操作和有效身份证件的识别工作（见表 2–18）。

▲工具：身份证明样本、酒店治安管理信息系统虚拟仿真系统

▲场地：模拟前厅

▲角色：两人一组进行模拟操作处理，1 人扮演顾客，1 人扮演酒店接待员

表 2–18　有效身份证件的识别操作流程

步骤（Steps）	标准（Standards）	提示（Tips）
1. 获取顾客信息	● 通过对话了解顾客信息	● 身份证明查验是办理入住的前提条件
2. 获取顾客身份证件	● 根据所学知识，判断证件有效性	● 此类顾客应当出具何种身份证明
3. 判断顾客与证件是否一致	● 根据顾客照片判断人证是否一致 ● 正确调用相关功能 ● 正确输入查询信息	● 保证录入信息的准确性
4. 判断证明的有效性	● 正常信息的获取方式 ● 查询失败的处理方式	● 注意信息安全和顾客隐私保护

拓展知识

酒店在办理入住手续前，需查验顾客身份证，顾客未携带身份证的，应前往酒店所在派出所申请《无身份证件旅客住宿证明》。派出所在询问顾客姓名、身份证号码、出生日期等信息确定为本人后，开具“临时身份证明”并加盖专用章（见表 2–19）。

在这一制度的基础上，为了减少居民奔波不便，各地公安机关对流程进行创新优化，江苏、四川等地引入人证核验系统，实现无证入住，有的地区则采用“视频连线核验、开具证明、文件发送”等工作方法，实现了“让数据多跑

路，让群众少跑腿”。

总之，无论如何创新，酒店治安管理的要求并未降低，只是通过新技术、新手段优化现有流程，在确保安全的前提下，提高工作效率、优化顾客体验。出门前一定带好身份证，时刻记清楚自己的身份证号码、家庭住址等重要信息，无论何种方法，这都是身份核验的必备信息。

表 2–19　无有效身份证件旅客住宿核查单（两联式）

编号：2021–____

__________派出所：

兹有我单位工作人员____（身份证号________）陪同旅客____（性别__，民族__，身份证号________，户籍所在地________________），因未携带有效身份证件要求入住前去核查身份，请予受理。

年　月　日

被核查人签名：________________　　　　________________旅馆

（旅馆公章）

此联由辖区派出所留存

- -

编号：2021–____

__________旅馆

无有效身份证件旅客姓名________，性别__，民族____，身份证号________________，户籍所在地________________，已经我单位核查，情况属实。

此单仅限该旅客本次入住有效。

年　月　日

被核查人签名：________________　　　　______________派出所

（住宿核查专用章）

此联由旅馆留存定期交回派出所

模拟实训

顾客来到前台办理入住，并提交了个人身份证明（实训用模拟身份证件样本或虚拟仿真系统生成的电子身份证明），请判断该身份证明的有效性，是否可以为该顾客办理入住手续？

任务 7-2 顾客信息上传

前台接待员查验顾客证件信息无误后，为顾客办理入住手续，分配房间、收取押金和制作房卡，在完成入住、顾客离开前台后，应及时将顾客身份信息和入住信息通过旅馆业治安管理信息系统上传。目前，旅业系统已经集成国内顾客、国外顾客的信息，实现了一站式上传功能（见表 2-20）。

表 2-20 国内旅客信息登记表

<table>
<tr><td colspan="6">国内旅客登记</td></tr>
<tr><td colspan="2" rowspan="3"></td><td colspan="2">入住时间</td><td colspan="2"></td></tr>
<tr><td colspan="2">所属派出所</td><td colspan="2"></td></tr>
<tr><td colspan="2">入住房号</td><td colspan="2"></td></tr>
<tr><td>姓名</td><td></td><td colspan="2">入住旅馆</td><td colspan="2"></td></tr>
<tr><td>证件类型</td><td></td><td colspan="2">证件号码</td><td colspan="2"></td></tr>
<tr><td>性别</td><td></td><td colspan="2">省市县</td><td colspan="2"></td></tr>
<tr><td>出生日期</td><td></td><td colspan="2">民族</td><td colspan="2"></td></tr>
<tr><td>详细地址</td><td colspan="5"></td></tr>
<tr><td>发证日期</td><td></td><td colspan="2">有效日期</td><td colspan="2"></td></tr>
<tr><td>发证机关</td><td></td><td colspan="2">认证情况</td><td colspan="2"></td></tr>
<tr><td>身份证号码</td><td></td><td colspan="2">同行人员</td><td colspan="2"></td></tr>
<tr><td>携带车辆类型</td><td></td><td colspan="2">车辆号牌</td><td colspan="2"></td></tr>
<tr><td>停留事由</td><td></td><td colspan="2">接待单位</td><td colspan="2"></td></tr>
<tr><td>何处来地区</td><td></td><td colspan="2">何处去地区</td><td colspan="2"></td></tr>
<tr><td rowspan="3">图像</td><td></td><td colspan="2">历史客列表</td><td colspan="2">姓名或证件号搜索</td></tr>
<tr><td></td><td>姓名</td><td>证件号码</td><td>出生日期</td><td>入住日期</td></tr>
<tr><td></td><td></td><td></td><td></td><td></td></tr>
</table>

知识准备

旅业系统中，需要根据业务输入相应的顾客信息、入住信息和其他信息。随着技术的发展，大多数信息由系统自动填写或读取身份证获取，但房号、车辆号码、人证情况等，依然需要酒店接待人员认真输入。酒店为顾客办理以下业务时，需要通过旅业系统上报数据。

1. 登记

登记操作是旅业系统最重要的功能，在顾客入住、访客等情况下使用，每位顾客入住后应及时上传数据，需要上传顾客信息（身份证件类型、号码、性别、出生日期、地址、发证机关、发证日期、有效期等）、入住信息（入住酒店名称、入住时间、房号、地址、酒店所属派出所名称）及其他信息（包括人证比对情况、随行车辆情况等信息）。需要特别注意的是，入住时不需要录入离店信息，应当在顾客离店时使用旅业系统做离店操作。

2. 离店

顾客离店时，需登录旅业系统完成离店操作，系统自动标注该顾客精确离店日期和时间。旅业系统不会对客房状态和客房入住人数进行管控，在顾客离店后酒店应及时更新旅业系统，避免非正常数据的产生。

3. 换房

顾客在入住期间更换房间的，也需要登录旅业系统做换房操作。

任务引入

顾客王女士正常办理入住手续，在验证顾客身份证件有效后，王女士单独入住 1520 客房。入住期间下午 2 时，王女士客户刘先生来拜访，刘先生晚上 8：00 晚饭后离开。晚上 9：00 王女士表妹来到酒店，和她共同入住 1520 客房，晚上 9：10 顾客申请更换客房为一间双床房，酒店将顾客换至 1526 客房。王女士与表妹第二天上午 11：00 办理结账退房手续后，共同离开酒店。

在旅馆业治安管理系统中完成上述对客接待环节的操作。

任务分析

酒店顾客入住、换房和离店等操作时，不仅要完成酒店前厅信息系统操作、制作房卡等内部系统流程，还需要登录旅业系统完成相关操作。

在上传顾客信息时，需要根据实际情况录入信息，做到实名、实数、实情、实时。

任务实施

要求：按照旅馆业治安管理信息系统的操作要求，完成系统操作和顾客信息上传工作（见表 2-21）。

▲工具：身份证明样本、酒店治安管理信息系统虚拟仿真系统

▲场地：模拟前厅

▲角色：两个同学为一组进行模拟操作处理，1 人扮演顾客，1 人扮演饭店接待员

表 2-21　顾客信息上传操作流程

步骤（Steps）	标准（Standards）	提示（Tips）
1. 获取顾客信息和需求	• 通过对话了解顾客需求 • 顾客入住时，需要提交身份证件	• 应仔细核验住客身份证件
2. 操作旅业系统，上传相关信息	• 根据所学知识，判断应进行的操作	• 准确录入相关信息
3. 保存操作结果	• 正确调用相关功能 • 正确输入查询信息	• 注意信息安全和顾客隐私保护

拓展知识

1. 什么是旅馆业治安管理

旅馆业治安管理，是我国公安机关治安部门的一项专门业务，是公安机关对旅馆的治安秩序进行的依法行政管理。它具体体现为经过长期实践而形成的一整套旅馆业治安管理制度，如开业审批、验证登记等制度。旅馆业治安管理是依法行政行为，不是代替旅馆本身进行经营管理，也不是代替旅馆的上级主管机关进行行政管理，而是对旅馆的治安秩序进行依法管理。

2. 旅馆业治安管理的意义

（1）保证旅馆安全运营，促进社会经济文化发展的需要。旅馆的安全，是

旅馆经营的前提，是旅馆其他一切工作的保障。不加强治安管理和安全防范，旅馆潜在的危险因素多，人身、财产安全无保障，旅馆就不能正常运营，旅馆业也很难健康、高效发展，从而影响旅游等其他产业发展，给经济发展造成损失。

（2）保护旅客合法权益的需要。旅客的自身特点使其安全问题比其他问题更重要，从被害人学分析，旅客处在陌生的环境里，自身防范能力低，容易受到侵害；从罪错行为心理学看，旅客在陌生的环境里，依法行为和自我约束的能力相对降低，容易实施罪错行为，侵害他人、危害社会。

（3）防范、打击违法犯罪的需要。旅馆的特点决定了旅馆是公安机关防范、打击违法犯罪的阵地。

模拟实训

1. 顾客 A 正常办理入住手续并入住 0801 客房，使用旅业系统完成数据上传工作。

2. 顾客 B 正常办理入住手续并入住 0802 客房，正常结账退房后使用旅业系统完成数据上传工作。

任务 7–3　特情应对

知识准备

一、无数据上传特殊情况

1. 酒店特殊状态

酒店停业等特殊情况或者酒店出租率为零时，需要在旅业系统进行相关操作，防止产生异常数据。同时及时收取公安机关发布的通知、协查公告等信息，否则也会造成酒店状态特殊。

2. 特殊故障导致无法上传

当酒店遇设备故障、临时停电等特殊情况时，酒店需向所属公安派出所上报手工填写的入住登记单（RC），并通过派出所的集中录入软件传送旅客信息。

二、顾客特殊情况处理

1. 违法犯罪人员的发现

酒店的特性决定了其既是旅客之家，也容易成为违法犯罪分子藏身落脚或侵害的目标。长期治安管理的实践证明，识别混进旅馆业的犯罪分子，是完全可能的。俗话说："若要人不知，除非己莫为。"犯罪分子既然要进行违法犯罪活动，在犯罪预备到犯罪实施过程中，不可能不接触周围的人和物，不可能不在现场留下任何痕迹，不可能没有一点异常现象，只要广大旅馆从业人员保持高度责任心，注意观察分析，掌握犯罪分子在旅馆活动的规律和特点，就容易发现违法犯罪分子。

2. 发现可疑犯罪分子后应该注意的几个问题

首先，一定要掌握"内紧外松"的原则，要注意方法、讲究策略，稳住可疑对象，不要让对方觉察出来，以免打草惊蛇。同时还要与各方面取得联系，严密控制可疑对象，但要注意一定不要把旅馆搞得戒备森严，要把严密控制和热情服务紧密结合起来，注意服务态度，使整个旅馆保持正常的气氛。

其次，要认真依法办事，注意政策。识别犯罪分子的目的是将罪犯抓获，使其受到应有的惩罚，打击犯罪，为民除害。在公安人员联系酒店或者上门时，应主动配合。

最后，酒店前厅人员应注意方法，保护自身安全。

任务引入

某酒店在对客接待服务中，为顾客王某办理入住并通过旅业系统上传顾客信息，前台接待员在办理入住过程中发现王某对自己的行李太过关注的异常行为。王某的信息上传后，公安机关联系前台员工，确认顾客特征等相关情况，最后在酒店员工的配合下，将犯罪分子王某抓获。

任务分析

酒店在日常运营过程中，会遇到设施设备故障、社会安全事故等问题，酒店员工需要保持对于特殊情况的预警，同时掌握正确的处理方式和方法。

任务实施

要求：了解旅馆业治安管理信息系统的制度要求，按要求完成典型行业案例查询工作（见表 2–22）。

▲工具：酒店治安管理信息系统虚拟仿真系统

▲场地：模拟前厅

▲角色：两个同学为一组进行信息查询和整理工作

表 2–22 典型行业案例查询的基本工作流程

步骤（Steps）	标准（Standards）	提示（Tips）
1. 通过互联网查询酒店治安管理、顾客信息上传的典型案例	• 寻找正确处理特情、抓获逃犯、破获案件等典型正面案例 • 寻找错误处理特情，造成酒店损失、行政处罚、拘留罚款等典型失败案例	• 案例应具有代表性
2. 对案例进行分类整理和整合	• 运用所学知识，分析负面案例的产生根源以及如何避免类似事件再次发生	• 在整理归类的过程中，不断总结经验与教训

拓展知识

服务员在日常服务工作中应注意搞好安全防范，通过对旅客基本情况的熟悉了解，善于从中发现可疑情况。

（1）注意旅客是否生活反常。正常人的生活有一定的规律性，而违法犯罪分子在生活习性上极为反常。有的昼伏夜出，或为掩饰行迹而夜间外出作案；有的大吃大喝，挥金如土，大肆挥霍非法所得，过一天算一天；有的来也匆匆、去也匆匆，跳跃式地住宿，以逃避公安机关的打击。服务员应注意识别这些反常的生活情况。

（2）注意旅客的神态举止是否异常。违法犯罪分子在作奸犯科后，基于种种心态，难免在神态举止上表现出异常。如有的神情恍惚，六神无主，自感罪孽深重，唯恐被人发现抓获；有的喜形于色，忘乎所以，为不法行为的得逞而高兴，甚至“失言”说出作案经过；有的举棋不定，矛盾挣扎，作案后后怕、后悔，想投案又害怕处罚。服务员应善于察言观色，从中发现线索。另外，有的旅客遭受不法侵害或在生活工作中遭到挫折打击，也会流露出愁容满面、表情呆板、无精打采的神态，服务员应通过询问，关心帮助他们。

（3）注意旅客的衣着打扮有无漏洞。细心观察旅客的衣着服饰，可以从中发现违法犯罪线索。有的身着服装与季节不符，冬穿单衣等；有的衣着打扮与身份不符，影视艺人衣着时髦、多穿名牌，经理老板衣着华贵、气派，一般工人、农民讲究服饰实用大方，反之则应细究；有的服装与身材不合，或长或短，或肥或瘦，这多为窃来之物；有的衣服上有血迹、泥土或被撕破，衣衫不整，多为作案逃跑时溅上的或搏斗扭打时留下的。对这上述情况，应留心观察，获取物证，为公安机关侦查破案提供证据。

（4）注意旅客的言语谈吐有无破绽。在旅馆的安全管理中，通过与他们交谈，可以获取许多有益的线索。对旅客的籍贯和口音进行比较，如不法分子作案后为掩饰口音，装腔变调，有的诈骗分子模仿港、台商人说话以抬高身价行骗，要引起警惕。对文化程度与语言表达能力进行比较，对自称名人学者或高干子弟，装得很有学问，但说起话来词不达意、出口污言的人要引起怀疑。对职业、出差事由与平常谈话内容进行比较。如果旅客的职业、出差事由与平常谈话内容风马牛不相及，或者对本职业方面的事情毫不知晓，很有可能是假报职业或别有用心，应引起注意。

（5）对旅客房间内传出的异常声响如吵闹声、打斗声、掷物碰撞声及人声呼叫等，或者发出异常气味，如烧焦物体的焦臭味、腐臭味等应仔细观察，一探究竟。

（6）对深夜客人要求服务的，服务员一般不进入客房，确有需要入房服务时，应两人同行，一人入房服务，另一人在门外等候。

模拟实训

通过虚拟仿真实训系统，根据顾客服务流程，对顾客 A 的身份信息进行有效处理。

任务考核

一、单选题

1. 下列顾客中行迹最可疑的是（　）。

A. 顾客王某，身高特别高　　B. 顾客刘某，身高特别矮

C. 顾客张某，携带行李特别重　　D. 顾客贾某，体形特别胖

2. 查警官、马警官两位警察来到酒店前台，下列操作不符合相关规定的是（　）。

A. 警官必须着警服、出示公安证件

B. 警官有可能提前电话询问，确认某顾客、某客房信息

C. 警官应要求前台制作房卡后，自行前往客房处置

D. 警官一般协调酒店方，配合进行处理

3. 国籍为中国的 20 岁顾客，在酒店入住时下列身份证件为有效证件的是（　）。

A. 居民身份证　B. 护照　C. 驾驶证　D. 户口本

4. 下列身份证件中，除了需要查看证件，还需要查看签证信息的是（　）。

A. 居民身份证　B. 护照　C. 驾驶证　D. 户口本

5. 中国籍顾客持有护照办理酒店入住，下列护照不可以使用的是（　）。

A. 护照在有效期内，签发地为北京

B. 护照在有效期内，签发地为东京

C. 护照在有效期内，签发地为乌鲁木齐

D. 护照在有效期内，签发地为拉萨

二、多选题

1. 下列酒店公安数据显示异常的是（　）。

A. 已经停业还在上传数据的酒店

B. 正常营业，但 20 天没有上传数据的酒店

C. 系统后台数据接收异常或不符合酒店经营住宿规律的（如入住、退房集中在每日固定时间）

D. 对收到公安部门协查、预警信息没有反馈的

2. 查警官、马警官两位警察来到酒店前厅部办公室，向前台部张经理、接待员小万了解 8301 客房张先生情况。下列情况属于重要信息应该上报的是（　）。

A. 张先生的体貌特征、发型服饰等

B. 8301 客房的入住人数、行动情况

C. 与 8301 一同到店入住的其他客房情况

D. 8301 顾客张先生携带物品异常（过大、过重、形迹可疑等）

3. 关于旅馆业治安管理信息系统（简称 PSB），下列说法中描述正确的是（　）。

A. PSB 通过对酒店入住人员的信息管理，实现了住宿业人口管理和治安管理

B. 通过数据比对、报警系统等功能，实现对犯罪分子、失踪人口、恐怖分子等人流的管理和控制

C. PSB 可以动态更新治安动态，实现联防信息、协查动态等功能

D. 能够帮助酒店有效规避风险，提高酒店经营的安全水平

4. 以下顾客，需要通过 PSB 系统上传信息的是（　）。

A. 45 岁顾客张某，入住 301 客房

B. 301 客房顾客张某的孩子小可，12 岁

C. 35 岁访客刘某，于中午来拜访 301 客房顾客张某

D. 301 客房顾客张某的朋友贾某，晚上醉酒后由朋友贾先生送回，贾先生与礼宾员一同将张某送进房间，然后退出房间在大堂等候。

5. 下列对客服务流程中，需要进行旅业系统操作的是（　）。

A. 入住　　B. 离店　　C. 换房　　D. 收银

三、判断题

1. 顾客刘先生 30 岁，没带身份证，他准确记得自己的身份证号码，并出示了本人身份证的彩色复印件。（　）

2. 顾客马先生 30 岁，没带身份证，他手机中存有本人身份证的照片，他表示可以打印出来。（　）

3. 顾客张先生 30 岁，携带本人驾驶证。（　）

4. 顾客钱女士 30 岁，国籍为中国，居住地为北京，她携带本人护照。
（　）

5. 顾客钱女士 30 岁，国籍为中国，居住地为美国纽约，她携带本人护照。
（　）

参考答案

一、单选题：1. C　2. C　3. A　4. B　5. B
二、多选题：1. ABCD　2. ABCD　3. ABCD　4. ABCD　5. ABC
三、判断题：1. ×　2. ×　3. ×　4. ×　5. √

任务 8　散客接待

证书技能要求

1. 了解散客接待的基本概念。
2. 掌握散客接待的基本工作流程。
3. 能够按照散客接待的规范要求，完成住宿接待工作。

任务概述

散客接待是在前厅服务过程中，按照散客服务接待流程和标准，礼貌周到地完成对散客的服务接待工作，体现出前厅良好的服务水平。

学习内容

1. 散客接待的基本概念。
2. 散客接待的基本工作流程。
3. 散客服务接待的操作标准。

任务 8–1　散客入住接待

知识准备

1. 散客（Individual Guests）

指没有预约、没有规律的零散顾客。这类顾客由于没有合同的约定，在选择消费或服务方面自主性较高。

2. 接待处（Reception Department）

接待处，有的酒店也称开房组、登记处（Registration）。主要负责为住客办理入住登记手续，掌握住客动态及信息资料，控制客房房态，制作相关营业报表等。

3. 客房状态（房态，Room Status）

前厅部对客房的控制，主要就是对房态的控制。前厅部要有准确的房态资料。房态资料来源大致有两处：一是管家部（客房部）送来的楼层房态表；二是前厅部持有的房态资料。管家部的房态为真实房态，前厅部的房态为理论房态。

4. 付款方式（Payment）

现金支付、信用卡支付、转账支付、支票支付、有价订房凭证和他人代付。

5. 房卡（Hotel Passport）

也称欢迎卡，它起着证实客人身份的作用，同时也有促销、向导和说明的作用。

6. 有效证件（Valid Certificate）

中华人民共和国居民身份证（仅限二代身份证）、临时身份证（在有效期内）、护照、军官证、警官证、士兵证、台胞证、通行证及当地公安机关与出入境管理部门允许登记的其他证件。

任务引入

福州市人大会议代表入住酒店的第一天，该市某四星级酒店总台显得特别忙碌。为此，总台临时增加了两名帮手，分别协助接待和收银。这时，在散客接待窗口来了两位客人，接待员小苏主动问好接待，分别为他们安排了各自的房间，协助小苏工作的小叶在旁为他们制作了房间 IC 钥匙卡。

午夜 11 点左右，其中一位住在 1101 房间的客人吴先生向总台打来电话投诉称，刚才有一位陌生人突然打开他房间的门，还好房门已上了保险闩，门才没有被打开，但他受到极大的惊吓，要求酒店给一个说法。

几乎与此同时，住 1110 房的刘先生怒气冲冲地向总台走来，朝着总台服务员大声责问："我房间的门为什么打不开，反而因走错房间，到 1101 房却打开了房门，莫名其妙地被 1101 房客人责骂。"

值班经理小唐接手此事后，了解到事情的原委：原来安排 1101 房和 1110 房客人入住的都是总台接待员小苏，由她写房卡和输入电脑资料，而协助小苏工作的小叶误以为两位客人是一起的，两人应该是合住一室，于是在制作两张房门钥匙卡时用的是同一房间即 1101 房的房号。说来也巧，本住 1110 房的客人刘先生白天并未进房，而是外出办事后半夜才回酒店，偏又没有注意看清卡上的房号，把 1110 号记成了 1101 号而去开 1101 号的房门，谁知进去后却遇到了麻烦。这真是阴差阳错！

最后值班经理小唐分别向两位客人解释了事情发生的原因，也取得了两位客人的谅解，但他们却对该酒店留下总台人员工作马虎的印象。

任务分析

收钱开卡，忘了在房态上开房是最常发生的 Double C/I 的原因，如 FO 开房的时候非常忙，或者是交班的时候，或者是 FO 自己粗心责任心不强，还有就是 FO 没有一个很好的职业素养和职业习惯。

通过对酒店管理信息系统和制卡系统的连接和设置，所有房卡必须经过房态制作，并且 VC 房不能制卡（FO 的权限设置），这样 FO 不开房就不能制卡，可以很好地避免此类事故的发生。归根结底，这还是一个 FO 有没有按照 SOP 操作和责任心的问题。这一类事情应引起我们酒店总台员工的注意，尤其是当两位总台人员分别为客人办理入住登记和制作房间钥匙卡时，要特别注意做好衔接工作，杜绝这类差错的发生。

任务实施

要求：根据前厅散客入住办理的标准与接待规范，演练散客入住接待模拟场景，掌握前台散客入住办理程序与技能（见表 2–23）。

▲工具：笔、前台交接班记录本、打印机、复印机、电话机、登记卡、房

卡、房卡套等

▲场地：模拟前台

▲角色：两人一组模拟散客入住登记，1 人扮演客人，1 人扮演前台接待员

表 2–23　散客入住接待的基本工作流程

步骤（Steps）	标准（Standards）	提示（Tips）
1. 问候与招呼	● 面带微笑，目光注视宾客 ● 问候宾客："先生 / 女士，您好" ● 同时接待多位宾客时，可用微笑、点头向宾客示意，或使用敬语"您好！请稍等"	● 从知道宾客的姓名开始，至少两次用姓氏称呼宾客
2. 查询确认宾客订单	● 询问宾客是否有预订："先生 / 女士，请问您有预订吗？" ● 酒店管理信息系统中查询宾客预订信息 ● 复述 / 核对预订信息，团队与领队确认 ● 团队由前厅经理 / 宾客关系经理协助前台接待	● 若宾客无预订，与宾客确认入住需求 ● 若宾客有预订，确认房型、房量、天数、是否含早等信息 ● 注意预订代理宾客姓名和实际入住宾客姓名 ● 如宾客有需求，须带宾客参观房间 ● 若宾客预订时已支付预付款且有登记 / 预付单，则向宾客收回
3. 读取或输入宾客信息	● 在酒店管理信息系统中分配干净的空房（VC） ● 询问宾客入住人数 ● 请宾客出示证件 ● 核对证件 ● 查看证件有效期 ● 核实宾客证件信息：年龄、性别、照片是否与本人外貌相符 ● 核对是否为通缉协查人员 ● 读取或输入宾客证件信息至酒店管理信息系统 ● 宾客证件上传扫描至公安部旅客信息登记系统	● 若宾客入住时，无净的空房（VC），则告知宾客等待的时间，及时通知客房清扫 ● 通过官网自助选房的预订，未经宾客同意不得擅自更改房号 ● 按实际入住人数登记 ● 若宾客有亲友陪同办理入住，除非确定该宾客的亲友不进房间，否则必须要求宾客的亲友办理访客登记 ● 若证件与本人不符，则向宾客询问清楚，确认无误后方可入住 ● 若遇通缉协查人员，正常为宾客办理入住手续，及时向上级汇报 ● 身份证阅读器可读取二代身份证的信息，若遇其他证件需手工输入宾客信息 ● 接待外宾须填写境外人员临时住宿登记单，并及时上传报备

续表

步骤（Steps）	标准（Standards）	提示（Tips）
4. 确认房价	• 与宾客确认房价信息 • 向非会员宾客推荐会员卡 • 向宾客推荐优选商品	• 若宾客无意愿购买会员卡，则建议安装如家 App 客户端免费注册为 E 会员
5. 收取房费	• 根据酒店管理信息系统显示的金额，向宾客收取款项： A. 预收款 a. 现金预付：唱收唱付，验明钱币真伪→酒店管理信息系统中确认支付，打印登记 / 预付单 b. 信用卡预授：查看信用卡的有效性→在 POS 机上申请信用卡预授→请宾客在预授权凭证上签字→酒店管理信息系统中确认支付，打印登记 / 预付单 B. 现付： a. 现金支付：唱收唱付，验明钱币真伪→酒店管理信息系统中确认支付，打印登记 / 预付单 b. 银行卡支付：查看银行卡的有效性→在 POS 机上输入需支付的金额→请宾客在消费凭证上签字→酒店管理信息系统中确认支付，打印登记 / 预付单 C. 线上支付： a. 支付宝：酒店扫码机扫描宾客支付宝付款码收取款项 b. 聚合支付（微信 / 云闪付）：酒店扫码机扫描宾客微信或云闪付付款码收取款项 c. 宾客也可在首旅如家官网或 App 上预订并支付款项	• 预收款计算公式：房价 × 入住天数（向上百元取整）+100 元 • 现金预付的宾客，若需要预收款收据，则前台补打印一份给宾客，并在酒店管理信息系统中做好记录 • 若需作废登记 / 预付单，则在单据上注明“作废”字样后，进封包 • 递笔给宾客签字时，注意笔尖不能指向宾客 • 线上支付凭证无须打印，如宾客或特许酒店有特殊需求，也可打印 • 针对无权益早餐的宾客适时推荐购买早餐
6. 制作房卡	• 在酒店管理信息系统中制作房卡 • 填写房卡套或房卡贴纸信息 • 补办房卡	• 若酒店门卡系统与酒店管理信息系统未对接，则在门卡系统中制作 • 填写信息：房号、宾客（姓氏）+ 尊称、抵离日期 • 补发房卡时，须核实宾客身份，收取补办费用，并在酒店管理信息系统中入账，打印杂项转账单，请宾客签字

续表

步骤（Steps）	标准（Standards）	提示（Tips）
7. 递交住店资料，礼貌道别	● 整理住店资料，双手递交资料给宾客 ● 告知宾客如需发票，可提前开具："M 先生 / 女士，这是您的证件和房卡，请收好" ● 向宾客礼貌道别，同时指引电梯或房间方向"电梯在您的……您的房间在 M 楼，祝您入住愉快，再见"	● 递交资料包括：房卡和房卡套、预授权凭证、宾客证件、早餐券和其他单据 ● 可通过前台扫码或随行管家预约或实时开票 ● 团队住店资料交给领队，由其分发给团队成员 ● 语言亲切，面带微笑，目光正视 ● 避免主动播报客人具体房间号码，保护客人隐私
8. 整理入住信息	● 公安部旅客信息登记系统上发送宾客信息 ● 整理单据，放入客账袋	● 宾客在入住时提出的相关要求及时记录和落实 ● 单据包括：信用卡预授权凭证、登记 / 预付单、杂项转账单

拓展知识

1. 常见客房房态和可供出租客房情况

常见客房房态和可供出租客房情况如表 2–24 所示。

表 2–24 常见客房房态和可供出租客房情况

分类	英文及缩写	含义
住客房	Occupied（O）	住店客人正在使用的房间
空清房	Vacant Clean（VC）	已经清扫过的空房
空脏房	Vacant Dirty（VD）	尚未清扫过的空房
可出租房	Vacant Inspected（VI）	已经完成清扫工作，领班、主管也已检查过，可随时出租的房间
走客房	Check–Out（C/O）	客人已结账离店，待清扫或正在清扫的房间
待修房	Out of Order（OOO）	因房间设施设备故障，待修或正在修理而不能出租的房间
保留房	Blocked Room（BR）	内部掌握的，为客人预先保留的房间
长住房	Long Housing（LH）	在酒店长期入住的客人的房间

2. 境外旅客临时住宿登记表

境外旅客临时住宿登记表如表 2–25 所示。

表 2–25　境外旅客临时住宿登记表

<table>
<tr><td>姓名：
Surname/First Name</td><td>性别：
Sex</td><td>国籍、地区或籍贯：
Nationality/Region</td><td>国（境）外住址：
Home Address</td></tr>
<tr><td>证件种类：
Type of Certificate</td><td colspan="2">证件号码：
Number of Certificate</td><td>出生日期：
Date of Birth</td></tr>
<tr><td colspan="2">永久住地 / 工作单位：
Permanent Address</td><td>停留事由：
Reason for Stay</td><td>员工签名：
Receptionist</td></tr>
<tr><td colspan="2">到店日期：
Date of Arrival</td><td colspan="2">离店日期：
Date of Departure</td></tr>
<tr><td colspan="4">本人已确认在贵酒店入住期间，使用以下付款方式：
I have confirmed the method of payment when I staying in this hotel
□现金 Cash　□信用卡 Credit Card　□会员卡 Membership Card　□挂账 City Ledger
□住房凭证 Voucher　□免费房 ENT/HU　□其他（请列举）Others（Please Specify）</td></tr>
<tr><td colspan="4">同来人房号：
Link Room with No.</td></tr>
<tr><td colspan="4">备注 Remarks
1. 本人愿意承担在酒店发生的一切费用。
I will bear all my expense in the hotel.
2. 酒店不负责客人在房间的贵重物品遗失，请使用设在客房内的保险箱服务。
Safe deposit box is available in guest room，the hotel will not be liable for any items left unattended.
3. 退房时间是中午 12 点整。
Check out time is 12：00 noon.</td></tr>
<tr><td colspan="2" rowspan="2">宾客签署：
Guest’s Signature
车牌号码：
Licence Plate Number</td><td colspan="2">手机号：
Tel</td></tr>
<tr><td></td><td></td></tr>
</table>

模拟实训

学生分组进行角色扮演，模拟接待已预订散客和未预订散客情景，其他学生进行观察并进行互动点评，教师全程指导。

任务 8-2　散客住店期间常见问题处理

知识准备

1. 客房状况显示

客房状况显示是指将酒店每一间客房所处的状态、类型、住客状态等随时全面、准确地显示出来的一项基础管理工作。酒店通常具有两种客房状况，客房短期状况显示系统和客房长期状况显示系统。

客房短期状况也称客房现状，该系统能够显示每一间客房的当前状况；客房长期状况称客房预订状况，该系统能够显示未来某一段时间某种类型客房的可销售数量或不同房态。

2. 房态控制

对于使用计算机管理系统的酒店，其客房的各种状态分别由客房部、总台等予以转换和控制，达到掌握和控制房态的目的。

任务引入

徐小鹿是某酒店前厅部的接待员，2020 年 7 月 25 日晚，正在前台值班的徐小鹿接到客人王女士的电话，客人反映其房间电热水壶的电源无法使用，徐小鹿对客人进行了安抚之后，立即报工程部进行维修，但是随后工程部反馈需次日采购回配件后才能进行维修。她电话告知客人后，客人也表示理解。但是转念一想，客人办入住时是带着一个三四岁的小孩来的，如果没有热水使用会很不方便，而且在房间其他位置烧水有孩子到处乱跑又会不安全，所以她立即将此情况上报当天值班经理，当天亲子套房还有房可否为客人升级亲子套房，得到允许后，她又通知客人为其换房，并安排礼宾帮其拿行李，客人对她无微不至的服务表示了感谢。因为她的细心、因为她的负责，将酒店无微不至的服务做到了客人的心坎里。

任务分析

该酒店值班的徐小鹿快速采取解决措施，对客人进行安抚，让客人及时地得到了安慰。酒店里随时随地都可能发生问题，从水壶联想到孩子的安全问题证明徐小鹿的服务意识强烈，处理问题速度快。即使报修也将情况立马告知客人，让客人了解情况，面对问题也及时请示上级，获得同意后，按照酒店规定处理，迅速地化解了酒店与客人的矛盾。让客人感觉是真正地站在她的立场上，是真心诚意地解决问题。细节方面，在换房时为其拿行李，为客人提供周到的服务，让客人感受了酒店的真诚，从而给客人留下了很深的印象。既培养了客人对酒店的忠诚度，又起到了从另一个角度为酒店做正面宣传的作用。

任务实施

要求：根据前台问题处理规范与要求，模拟前台处理散客时常遇到的问题的情景，掌握前台解决临时问题的方法和技能（见表 2-26、表 2-27）。

▲工具：笔、电话机

▲场地：模拟前台

▲角色：两个同学为一组模拟客人换房，1 人扮演客人，1 人扮演前台接待员

表 2-26　散客换房流程

步骤（Steps）	标准（Standards）	提示（Tips）
1. 核实身份，询问换房原因	• 倾听宾客的换房要求，并向宾客表示歉意	• 对于换房投诉由客户关系经理 / 前厅副理及以上岗位处理 • 记录宾客需求和客房异常 • 若宾客在前台，须检验核对房卡钥匙是否准确 • 或根据宾客需求，在宾客指定时间完成换房
2. 在酒店管理信息系统中变更房号	• 查看房态，确认是否有宾客所需的房间 • 修改酒店管理信息系统内的换房信息，勾选换房原因	• 若没有所需的房间，则与宾客协商更换为其他房型或明日再换 • 换房时遇房价变更，请宾客在登记 / 预付单上签字，免升房需上报审批 • 换房时对于房价的处理必须严格遵循酒店岗位折扣权限：酒店总经理 8 折及以上折扣权限，其他员工无折扣权限，总经理不在酒店或其他特殊情况时，可向总经理申请折扣授权

续表

步骤（Steps）	标准（Standards）	提示（Tips）
3. 制作房卡钥匙	● 根据宾客需求重新选择房间并制作新的房卡	● 必要时可同时提供多间房间给予宾客选择
4. 上门更换房间	● 为宾客提供上门更换房间服务 ● 带领宾客参观确认新房间 ● 为宾客提供行李服务 ● 如房价变动请宾客签字确认 ● 收回宾客原来的房卡，分发新的房卡 ● 礼貌道别	● 收回的房卡，须回到前台第一时间确认并注销
5. 整理客账资料	● 重新打印登记 / 预付单，与原客账袋内的资料一起，放入新的客账袋 ● 公安部旅客信息登记系统中更改房号信息	● 谨记要在公安部旅客信息登记系统中更改房号等信息

表 2–27　续住 / 延时退房流程

步骤（Steps）	标准（Standards）	提示（Tips）
1. 查询	● 根据各类客源规定退房时间，提前 30 分钟，查看酒店管理信息系统→订单→“应走未走列表”，了解当天应走未走信息，确认余额不足的房号，并记录	● 非会员延时至 12：00 ● E 会员延时至 12：00 ● 银会员延时至 13：00 ● 金会员延时至 14：00 ● 青春 / 白金 / 钻石会员延时至 15：00 ● 协议公司、团队房等均显示在延迟退房报表上注意排除
2. 致电宾客	● 致电宾客，询问宾客是否续住：“× × 先生 / 女士，您好！我是前台，请问您今天还续住吗？” ● 确认续住，应婉转地提醒宾客支付预付款	● 如联系不上宾客，则在酒店管理信息系统备注并跟进 ● 若确认不续住，则礼貌告知宾客延时退房所需支付的房费，或建议宾客将行李寄存在前台 ● 如续住收取现金或者银行卡，需打印登记 / 预付单

续表

步骤（Steps）	标准（Standards）	提示（Tips）
3. 续住服务	• 确认续住天数 • 查询流量 • 查询客源渠道，确认是否需重新下单 • 修改离店时间，加收预付款或直接收取房费 • 录入酒店管理信息系统 • 修改房卡的离店日期 • 制作房卡 • 双手递交房卡给宾客，并礼貌道别：“××先生/女士，请拿好您的房卡，再见”	• 通过线上渠道预订并入住的宾客，续住时需重新下单，推荐使用首旅如家 App 下单 • 宾客入住期间，预授金额超过 5000 元，应先结清后再做预授 • 若续住期间房价发生调整，须提前告知宾客 • 若续住更换房号，填写新房卡套
4. 复核	• 19：00 后重复以上两个步骤，避免遗漏	• 在 21：00 后对余额不足、无行李且未联系到宾客的房间，可做欠款离店处理

拓展知识

现时的客房状况总是在不断变化的，这就要求接待处要随时掌握客房动态，及时传递房态变化的信息。

1. 入住

客人在办理完入住登记手续后，接待员应及时将资料输入计算机，完成计算机系统的房态变更，“空房”变为“住客房”。因此，这项操作不能粗心大意，否则，就会影响客房状况控制的准确性。

2. 换房

换房有两种可能，一种是由住客提出，另一种是酒店自身要求。例如，住客未按时离店，也可能由于需集中排房而向客人提出换房。因此，必须慎重处理，同时按换房服务操作手续进行换房。

3. 关闭楼层

酒店根据淡季时接待客流量下降而降低能耗和物耗、计划维护设备、组织人员培训等经营需要，关闭部分客房和楼层。接待员应在接到准确的指令后，在计算机中及时进行调整。

4. 核对房态

由于总台的工作量较大，而且客房状态经常处于变化之中，虽然酒店可以通过计算机进行查询，掌握客房的现时状态，但是由于工作可能出现差错，造成总台接待处的房态与客房实际房态不符。因此，必须进行房态的核对，以防止出现重复售房等现象的发生。

5. 换房通知单

换房通知单如图 2-1 所示。

换房通知单

ROOM CHANGE SLIP

由房号 From Room	转运房号 To Room
由收费 From Rate	转至收费 To Rate

图 2-1 换房通知单

模拟实训

学生分组进行角色扮演，模拟调换房间情景和续住服务情景，其他学生进行观察并进行互动点评，教师全程指导。

任务 8-3 散客离店结账服务

知识准备

1. 退房（Check Out）

为客人办理完结账和退房手续后，应立即通知客房服务中心，同时改变客房状态。采用计算机管理系统的酒店，此项工作可实现将房态由已结账房到待清扫房的自动转换。

2. 收银服务（Front Desk Cashier）

收银服务由总台收银处负责，一般总台收银业务划归财务部管辖。作为收银员，应该了解并掌握总台收银服务的主要工作任务、操作规程及相关要求，快捷准确地为客人提供收银服务，总台收银处的主要任务包括客账管理、外币兑换业务、贵重物品保管等。

3. 信用卡（Credit Card）

信用卡结账是一种非现金交易付款的方式，是简单的信贷服务，信用卡一般是由银行或信用卡公司依照用户的信用度与财力发给持卡人，持卡人持信用卡消费时无须支付现金贷，结账日时再行还款。除部分与金融卡结合的信用卡外，一般的信用卡与借记卡、提款卡不同，信用卡不会从用户的账户直接扣除资金。

任务引入

一天早上，南方某大酒店的一位香港客人下电梯来到大堂总台服务处结账。他操着一口粤语对服务员说："小姐，916 房结账。""好的，先生，请把您的钥匙牌或房卡给我看一下。"服务员礼貌地回答。"哦，我没有带来，可以结账吗？"客人显得有点不耐烦。"请问先生，您的姓名叫……"服务员接着又问。客人不悦道："结账还用问姓名？"服务员耐心地解释说："因为我们需要核对一下姓名，万一搞错会带来麻烦。"客人很不情愿地报出了自己的姓名。服务员迅速地打出账单，客人掏出皮夹子拿钱。同时，服务员又对客人叮嘱了一句："顺便说一下，您的916房钥匙牌用完后请送到收银台。"谁知客人一听，勃然大怒，收起钱来，大声嚷嚷："你们酒店这么麻烦，给钱不要，还唠叨个没完，我不付款了。"嘴里还冒出几句骂人的语，一面收起钱来，扭头就往电梯处去。

正在值班的大堂副理闻声跑来，立即赶到电梯口，把客人请回来，对他说："先生，您息怒，有什么意见尽管提，我们立即解决，但钱还是要付的。"这位客人却指着服务员的鼻子说："她不道歉，我就不付款。"此时，服务员已是满腹委屈，实在不想道歉，双方僵持不下，引起了服务台客人们的注意。怎么办？大堂副理紧张地思考一下，便跟服务员轻声说了几句，服务员听到了点点头，强忍着几乎快要掉下来的眼泪，对客人说了声："对不起。"客人这才付了钱，扬长而去。

任务分析

第一，案例中服务员出于对客人的负责，按酒店服务规程查询客人的钥匙牌或房卡、核对客人的姓名以及交代客人归还钥匙牌，都是无非议的，这件事显然是客人无理。酒店服务员虽然遇到了不讲情理的客人，但还是要奉行“客人永远是对的”的原则，服务员正是努力这样去做的。忍受个人的委屈，满足客人的无理要求，使一场风波得以平息，这种顾大局、识大体的精神值得发扬。

第二，大堂副理对这一突发事件的处理比较积极稳妥。首先，当客人从收款台愤然离去不愿付款时，他及时赶到，把客人请回去解决问题。他首先想到的是酒店的利益不能受损失，尽管客人情绪过激、行为过分，但也要想方设法让客人结账。其次，大堂是酒店的门户和窗口，当客人不近情理地要求服务员先道歉再付款而形成僵局时，大堂副理当机立断，给服务人员做工作，请服务人员赔不是，从而打破僵局，恢复了总台工作秩序，维护了大堂正常运转的形象，这一做法无疑也是正确的。

任务实施

要求：根据前台散客离店结账操作规范和要求，模拟散客离店结账过程和情景，掌握散客离店结账方式和技能（见表 2–28）。

▲工具：笔、电话机

▲场地：模拟前台

▲角色：两个同学为一组模拟客人换房，1 人扮演客人 ，1 人扮演前台收银员，一人扮演大堂经理

表 2–28　散客离店结账流程

步骤（Steps）	标准（Standards）	提示（Tips）
1. 问候与招呼	● 主动问候宾客：“× × 先生 / 女士，您好” ● 询问宾客房号	● 有多位宾客需要同时结账时，礼貌地招呼宾客，但不要同时结账，避免出错
2. 核对房号	● 收回宾客房卡 ● 验收房卡，确认宾客身份	● 查看酒店管理信息系统，核对确认房号、姓名等信息

续表

步骤（Steps）	标准（Standards）	提示（Tips）
3. 通知客房	• 有押金宾客退房：前台用对讲机通知客房查房；客房服务员反馈查房情况 • 无押金 / 无等待宾客退房：及时读取宾客递还的房卡信息，通知客房查房；前台如有“房卡投递箱”，则应随时取出投递箱内房卡，读取房卡确认房号后报客房	• 客房退房检查时间在 3 分钟内 • 前台：“客房，8205 退房，客房，8205 退房” • 客房：“前台，8205 退房，收到”“前台，8205 查房完毕”
4. 核对宾客账目	• 取出客账袋内的所有单据，检查是否均已入账 • 检查宾客是否有使用保险箱，并在酒店管理信息系统查询是否有租借物品信息 • 根据酒店管理信息系统结账数据，与宾客确认总消费金额	• 宾客如对账目产生异议，应仔细检查并礼貌地向宾客说明
5. 结账操作	• 询问付款方式：根据宾客需求，选择是否打印宾客账单（明细），并询问宾客的付款方式，选择相应结账方式	•“× × 先生 / 女士，请问您用现金、微信、支付宝扫码还是银行卡支付” • 如宾客现金或银行卡支付，则打印宾客账单，并请宾客确认消费明细后签字进封包
6. 递交发票及零钱	• 询问并根据消费项目及金额开具发票 • 双手递呈发票和零钱	•“× × 先生 / 女士，请问您需要开票吗” •“× × 先生 / 女士，这是您的发票和找零，请拿好”
7. 感谢和道别	• 适时地感谢宾客，礼貌地与宾客道别：“× × 先生 / 女士，欢迎您再来，再见”	•“× × 先生 / 女士，欢迎您再来，再见”

拓展知识

如何鉴别信用卡真伪

1. 一看卡面

真卡卡面颜色鲜明、字迹清晰，塑料表面光滑，颜色不易脱落，且卡面条纹清楚整齐。伪造的信用卡卡面、卡背制作粗糙、字迹模糊，颜色过深或过浅，塑料表面凹凸不平，颜色容易脱落、卡面条纹不整齐，如同贴在白卡上。

2. 二看凸印

真卡卡号、英文字母排列清晰整齐，伪造的信用卡卡号、英文字母排列不整齐或尺码有别，涂改过的信用卡卡号、英文字母排列不整齐、字母大小有别、旧卡号在卡背面隐约可见；真卡印有发卡银行名称，伪造的信用卡可能没有发卡银行名称，涂改过的信用卡有涂改痕迹、发卡银行名称残缺不全、签名不流畅。

3. 三看签名栏

真卡有发卡公司的商标；伪造的信用卡无公司商标，即全白色或有涂改痕迹，且签名不流畅。

4. 四看防伪设计

真卡有全息激光防伪商标和荧光防伪设计，而伪造的信用卡一般无防伪标志或防伪设计标志不清晰、缺乏立体感。另外，伪造的信用卡磁道信息无法在销售终端机上读出。

酒店常用付款方式

（1）现金支付。到酒店后，向酒店前台服务员订房，并用现金支付房款与押金。

（2）刷卡支付。到酒店后，向酒店前台服务员订房，并用银行卡或信用卡支付。

（3）二维码扫码支付。到酒店后，向酒店前台服务员订房，打开微信或支付宝扫码支付。

（4）Apple Pay 支付。到酒店后，向酒店前台服务员订房，在银行 POS 机上使用 Apple Pay 支付（部分拥有 NFC 功能的苹果产品，才能使用这个功能）。

（5）通过酒店自助入住机自助开房，选择支付宝或微信扫码支付。

模拟实训

学生分组进行角色扮演，模拟散客离店结账情景，其他学生进行观察并进行互动点评，教师全程指导。

任务考核

一、单选题

1. 登记入住客人的基本信息时应把（　　）内容写出来。

A. 全部　　B. 部分　　C. 大部分　　D. 重要

2. 登记入住的客人信息时，“拟退房时间”（　　）比“入住时间”早。

A. 可以　　B. 不可以　　C. 应该　　D. 必须

3. 散客入住接待通常第一步应该是（　　）。

A. 收取房费　　B. 问候与打招呼

C. 读取或输入宾客信息　　D. 整理入住信息

4. 收银服务由（　　）负责。

A. 客房服务中心　　B. 总机

C. 礼宾部　　D. 总台收银处

5. 一般总台收银业务划归（　　）管辖。

A. 前厅部　　B. 客房部　　C. 财务部　　D. 总机

二、多选题

1. 散客可通过（　　）方式预订客房。

A. 网络预订　　B. 电话预订　　C. 面对面预订　　D. 传真预订

2. 若客人有预订，应与客人核对（　　）信息。

A. 确认房型　　B. 住房天数　　C. 付款金额　　D. 是否含早餐

3. 总台收银出的主要任务包括（　　）。

A. 打字复印　　B. 客账管理　　C. 外币兑换　　D. 贵重物品保管

4. 旅行支票是（　　）和（　　）为旅游者发行的一种固定金额的支付工具。

A. 酒店　　B. 银行　　C. 旅行社　　D. 单位

5.（　　）可以用来鉴别信用卡真伪。

A. 卡面　　B. 凸印　　C. 签名栏　　D. 防伪设计

三、判断题

1. 客人入住时，入住登记表必须填写完整，并按照酒店收费标准收取押金，开具押金单，并请客人签字确认。（　　）

2. 多人入住时可以只登记其中一位客人的信息。（　　）

3. 现金支付是指到酒店后，向酒店前台服务员订房，并用现金支付房款与押金。（ ）

4. 为客人办理结账退房手续要在 3 分钟内完成。（ ）

5. 当结账客人较多时，我们应遵循办理第一位、招呼第二位、问候第三位的原则为客人进行结账退房。（ ）

参考答案

一、单选题：1. A　2. B　3. B　4. D　5. C

二、多选题：1. ABCD　2. ABD　3. BCD　4. BC　5. ABCD

三、判断题：1. √　2. ×　3. √　4. ×　5. √

任务 9　团队接待

证书技能要求

1. 了解团队接待的基本概念。

2. 掌握团队接待的基本工作流程。

3. 能够按照团队接待的规范要求，完成住宿接待工作。

任务概述

团队接待是在前厅服务过程中，按照团队服务接待流程和标准，礼貌周到地完成对团队的服务接待工作，体现出前厅良好的服务水平。

学习内容

1. 团队接待的基本概念。

2. 团队接待的基本工作流程。

3. 团队服务接待的操作标准。

任务 9-1 团队入住接待

知识准备

酒店客源分为：高档商务客、休闲度假散客、订房中心客、商务会议团队、国内外旅游标准团队、自驾游散客、自来散客、学生客、政府会议团队及宴请散客、展览公司合作及会展商务客等。

（1）商务客：经常出差或者来本地做生意的客人。

（2）签约客户：与酒店签订长期租住公寓的客人。

（3）散客：酒店周边进来住宿的客人。

（4）旅行团和大型会议客人：这一类是批量入住酒店的客人。

任务引入

某日，管家部接到 A 旅行社的投诉，称酒店前台接待员将团队的低价告诉了客人，并且从团队入住到团队离店，前台接待人员表情单一，没有微笑，在团队抵店时，前台还没有做好房卡。接到投诉后，管家部立刻向客人表示歉意，表示会加以改进，并且亲自送客人离店，同时做好了该团返住时的准备工作。

任务分析

（1）房价直接关系到旅行社的切身利益，对于房价以及其他关系到酒店和酒店合作伙伴切身利益的信息，酒店各部门尤其是前台必须做好保密工作。

（2）作为酒店员工，无论处在哪个岗位，都要高度重视仪容仪表及礼节礼貌，热情地为客人服务。

（3）前台接待员在接到团队入住信息后，应提前按要求做好房卡，以便为客人提供更加高效、快捷的服务。由此引申，我们的工作必须要有高度的计划性和预见性，这样才能合理安排各项资源、有效缓解工作压力。

任务实施

要求：按照团队入住登记的程序完成团队入住登记（见表 2–29）。

▲工具：笔前台交接班记录本、打印机、复印机、电话机、登记卡、房卡、房卡套等

▲场地：模拟前台

▲角色：5 名同学为一组模拟团队入住登记，4 人扮演客人，1 人扮演前台接待员

表 2–29　团队入住登记的基本工作流程

步骤（Steps）	标准（Standards）	提示（Tips）
1. 准备工作	● 准备团队的预订资料 ● 查询团队抵店时间 ● 酒店管理信息系统中预排房，并填写团队 / 会议接待单，打印名单与房号表 ● 制作房卡，填写房卡（套）	● 根据从低到高楼层排房原则，尽量安排同一楼层，由前厅经理负责团队排房名单及房号表同时递交前台人员、陪同或领队 ● 准备行李车并安排安全服务员做好准备
2. 确认团队名称或组织者	● 询问领队团体编号及组织者（所属旅行社、会议团体）	● 准确登记团队编号，确认团队组织者
3. 登记入住	● 由领队统一收取宾客有效证件，前台核实团队宾客证件是否有效以及与入住人员是否一致 ● 将宾客证件扫描录入酒店管理信息系统，并上传公安部旅客登记系统	● 确认和核对团队分房的需求，准确分房 ● 确认宾客证件的有效性
4. 确认支付方式及其他	● 按照酒店管理信息系统显示的房费收取预付金 ● 与团队负责人确认付费方式并录入系统 ● 打印登记 / 预付单 ● 与团队负责人确认团队的叫醒、早餐及退房时间	● 在酒店管理信息系统中注明团队负责人的入住房间 ● 注意按团队订单正确修改主单以及成员的结账方式 ● 如团队中有单独付费的，需在备注中注明，并做好交接班
5. 礼貌道别	● 整理并递交住店资料，如房卡、房卡套等 ● 礼貌道别	● 住店资料可交给领队，由其分发 ● 记录团队其他需求，并做好交接

拓展知识

1. 客房类型（Room Type）

客房类型如表 2–30 所示。

表 2–30　客房类型

单人间（Single Room）	单人间又称单人房，房内放置一张单人床、双人床或沙发床。比较适合从事商务旅游的单身客人使用
大床间（Double Room）	该房间放置一张双人床，一般适合夫妻或商务客人使用；新婚夫妇使用时，称“蜜月客房”
双床间（Twin Room）	配备两张单人床的房间称为双床间，这类客房在酒店中占所比例最大，也称“标准间”，较受团体、会议客人的欢迎。也有在双床间配置两张双人床的，以显示较高的客房规格
三人间（Triple room）	一般是房内放置三张单人床，供三位客人同时入住，属经济房间。目前在中高档酒店中此类房间极少，多以在双人间加一张折叠床的方式以满足三人同住一间客房的要求
套房（Suite room）	套间通常由两间或两间以上的房间组成，按照不同的使用功能及室内装饰、配备用品标准等又可进行如下细分： （1）普通套间（Junior Suite）。普通套间又称标准套间、双套间或家庭套间，这种套间一般由连通的两个房间组成 （2）豪华套间（Deluxe Suite）。又称高级套间，通常由卧室、会客室、卫生间、小厨房、餐室、书房等组成 （3）立体套间（Duplex Suite）。是一种两层楼套房，房间设计布置特点为起居室在下、卧室在上，设有小楼梯相连接，亦称“复式客房” （4）总统套间（Presidential Suite）。一般由 7~8 个房间组成，包括总统卧室、总统夫人卧室、书房、起居室、会议室、餐厅、书房、随员室、厨房等，通常四星级及以上酒店才设置这种套间
特殊客房（Special Room）	指为某一类人特别设计和布置的客房。如我国酒店规定的专为残疾人服务的客房，配置了能满足残疾人生活起居要求的特殊设备和用品。另外，按房间所处位置还可以划分为内景房（Inside Room）、外景房（Outside Room）、角房（Corner Room）、连通房（Connecting Room）等

2. 自助入住

自助入住操作流程适用于有自助机的酒店，其流程如表 2–31 所示。

表 2–31 自助入住流程

步骤（Steps）	标准（Standards）	提示（Tips）
1. 宾客预订	● 宾客通过官方渠道预订 ● 宾客通过 OTA 直连渠道预订 ● 宾客通过其他渠道预订，并在宾客到店前酒店管理信息系统有预订信息	● 宾客通过首旅如家 App/ 微信小程序预订，在入住当日 10：00 以后可在线选房
2. 办理入住及制作房卡	● 引领宾客至自助机，选择自助入住功能 ● 将身份证放置在身份证识别区，完成人证核验 ● 确认订单信息、房号，取出房卡并入住	● 宾客预留订单信息中需含有入住人姓名，自助机才能匹配订单并完成入住办理；无法查询到的订单需人工办理 ● 未预付的订单，在自助机办理时可以进行支付 ● 客人在自助机办理入住时可以更换房间号
3. 礼貌道别	● 向宾客礼貌道别，同时指引电梯或房间方向	● 通过自助办理的入住，自助机打印“含入离时间和房间号”的入住单，由宾客保留

模拟实训

学生分组进行角色扮演，模拟接待团队客人、办理入住情景，其他学生进行观察并进行互动点评，教师全程指导。

任务 9–2 团队离店结账服务

知识准备

1. 酒店通常接受的国内外信用卡

长城卡、牡丹卡、JOB 卡、美国运通（American Express）、维萨卡（VISA）、万事达卡（Master Card）、大来卡（Diner’s Club）等。

2. 改变退房时间

传统退房时间是中午 12 点，酒店有过时加收房费的规定，中午成了退房相对集中的时间。而这时也是员工轮换用餐时间，使得退房效率显得较低。如今，一些酒店已将退房时间改为下午 2 点或 3 点。这样，一定程度上分散了客人退房时间，一些客人还可以从容不迫地用完午餐后再退房。

3. 分类别查房

团队房尽量团队与团队分开查，每个团队房整体查完后统一通知收银台。团队房和散客房一起退房时，先查散客房，团队房账目较多，有时不在同一楼层，退房程序比散客房复杂，会造成让散客等得太久，甚至引起投诉。

4. 夜间核账（Night Audit）

是现代化酒店所必需的工作之一，白班收银员忙了一整天，可能会发生错误，到了深夜工作较清闲时，必须有人去进行账目核对，确定账项记录等有无错误或遗漏，以保障酒店利益。

任务引入

方先生一行通过旅行社预订了酒店房间并已支付房费，入住酒店的当日下午2点，方先生曾到前台收银处询问如下午6点退房是否可以只收取半日房租。当得知酒店将收取全日租时，客人并未明确说明他的意向便离开酒店。当日由于订房紧张，收银员小王便由此假设客人已离店；大约晚上 10 点钟，当值收银主任请示大堂副经理，该客人已于下午离店，是按半天还是一天的房费收取。当值大堂副经理在查过房间无行李等情况下，遂决定退掉房间。大约凌晨 2 点，大堂副经理接到接待员报告，原住 6174 房的方先生欲进入房间时，发现其手持的钥匙不能正常开门，方先生于是折返接待处查询，当得知房间被退并已安排给新客人时，方先生非常生气。

任务分析

（1）当值收银员应考虑客人提出问题的根本是什么，做更进一步的确认及跟进。

（2）值班大堂副理亦应考虑此举产生的意料不到的后果，随之做出相应的安排，如知会接待处或管家部统一口径，如客人返回时怎样面对。

（3）当收到客人投诉时，员工应保持头脑冷静，尽可能先将客人稳住。如对事件详情不清，不可凭主观臆断做出解释。尽量避免在客人面前汇报情况，如情况特殊，则应在向上级电话报告时进行大致解释，但婉转是必不可少的。

（4）作为与客人正面接触的一线员工，良好的理解、沟通能力是提供良好正常服务的前提。而此事中正因为收银员的假设，导致事件发生。虽然当日酒店入住率高且订房很多，但由于此客人已于旅行社支付房租，当值大堂副经理应慎重做出决定。但当值大堂副理考虑当日入住情况，加上收银员确定的报告，便做此决定，显然是对客服务的意识不强。而每位酒店员工具有灵活的应变能力，不仅可以将“事故”防患于未然，而且可以巩固客源。此次事件中当值接待员过于遵循处理事件的一般原则，未能及时将问题如实地向客人反映，此举只能让酒店在处理问题时无更多的回旋余地。

任务实施

要求：根据团队离店要求准确地完成团队离店结账操作（见表 2-32）。

▲工具：笔、前台、电脑

▲场地：模拟前台

▲角色：两个同学为一组模拟前台服务，1 人扮演客人，1 人扮演前台收银员

表 2-32 团队离店结账工作流程

步骤（Steps）	标准（Standards）	提示（Tips）
1. 准备工作	• 收银员要及时了解当日离店团队的情况，提前打印离店团队的消费明细单，如同日有多个团队离店，则按时间顺序排列账单。在团队离店前半小时，收银员最好主动与团队的领队、陪同等相关人员联系，要求协助收款	• 团队客人结账时，收银员要分清公司账和个人账，对于公司账由接待单位支付，对需要个人付费的项目在结账明细上标注清楚
2. 问候与招呼	• 关注进入大堂的宾客，与客人眼神接触时，应微笑致意，主动问候宾客：“× × 先生 / 女士，您好” • 询问宾客房号	• 有多位宾客需要同时结账时，礼貌地招呼宾客，但不要同时结账，避免出错

续表

步骤（Steps）	标准（Standards）	提示（Tips）
3. 核对房号	●“先生 / 女士，请问您的房卡和押金单带来了吗”，并双手接过宾客房卡 ●验收房卡，确认宾客身份 ●读取房卡信息后，根据信息用姓氏称呼客人，“×× 先生 / 女士，请稍等”，并注销房卡信息，进行账务处理	●查看酒店管理信息系统，核对确认房号、姓名等信息
4. 通知客房	●将结账退房的团队名称、团号通知客房中心，以便检查客房酒水的使用情况 ●控制客人结账后可能发生的动态费用，切断或锁上房内电话的国内和国际直拨功能 ●通知楼层查房，委婉地问明客人是否有额外的消费费用 ●有押金宾客退房：前台用对讲机通知客房查房；客房服务员反馈查房情况 ●无押金 / 无等待宾客退房：及时读取宾客递还的房卡信息，通知客房查房；前台如有“房卡投递箱”，则应随时取出投递箱内房卡，读取房卡确认房号后报客房	●客房退房检查时间在 3 分钟内 ●前台：“客房，8205 退房，客房，8205 退房” ●客房：“前台，8205 退房，收到”“前台，8205 查房完毕”
5. 核对宾客账目	●取出客账袋内的所有单据，检查是否均已入账 ●检查宾客是否有使用保险箱，并在酒店管理信息系统查询是否有租借物品信息 ●根据酒店管理信息系统结账数据，与宾客确认总消费金额	●宾客如对账目产生异议，应仔细检查并礼貌地向宾客说明
6. 结账操作	●询问付款方式：根据宾客需求，选择是否打印宾客账单（明细），并询问宾客的付款方式，选择相应结账方式 ●取出账单明细，并打印对账单请客人核对签字，“×× 先生 / 女士，这是您的对账单，共消费 ××× 元，请您确认后在右下方签字，谢谢”	●“×× 先生 / 女士，请问您用现金、微信、支付宝扫码还是银行卡支付” ●如宾客现金或银行卡支付，则打印宾客账单并请宾客确认消费明细后签字进封包
7. 递交发票及零钱	●询问并根据消费项目及金额开具发票 ●双手递呈发票和零钱	●“×× 先生 / 女士，请问您需要开票吗” ●“×× 先生 / 女士，这是您的发票和找零，请拿好”
8. 感谢和道别	●适时地感谢宾客，并礼貌地与宾客道别	●“×× 先生 / 女士，欢迎您再来，再见”

拓展知识

1. 快速结账服务

酒店退房时间为中午 12 点前，客人退房结账较为集中，以致前厅收银处客人拥挤，收银员工作较为繁忙。为避免此种现象的出现及为了方便客人，国外的一些酒店力求为客人提供快速结账服务，大致分为两种模式。

（1）宾客房内结账。这种酒店的计算机管理系统具有宾客房内结账功能，酒店利用客房内的电视机，将其与酒店的计算机管理系统连接，宾客就能在离店的前一天晚上根据服务员的说明启动房内结账系统，开始结账。在离店的当天早上，宾客就可以在电视机屏幕上看到最后的账单情况，并提前通知收银员准备账单，这样就加快了结账的速度。如果住客使用信用卡结账，就不必到前厅收银处处理结账手续；如果客人用现金付款，则必须到前厅收银处结账，因为付现金的客人还没有与酒店建立信用关系，故计算机管理系统的控制程序不允许现金付款的客人采取房内结账。

（2）客人填写“快速结账委托书”办理结账手续。对于有良好信用的顾客，使用信用卡结账的酒店为其提供快速结账服务。人在离店前一天填写好“快速结账委托书”，允许酒店在其离店时为其办理结账退房手续。住客可向前厅收银处索取“快速结账委托书”，将其逐项填好后送至收款处，收银员则对其支付方式等进行核对。在客人离店当天早上，收银员将住客消费的大致数目告诉客人，这时客人也可能已经离店而未告知收银员。住客离店后，收银员稍为清闲时替客人办理结账手续，并填入住登记单。

2. 延迟结账时间

如果过了结账时间（一般为当天中午 12 点）仍未结账，应催促客人，并可加收房费（下午 3 点以前结账者，加收一天房费的 1/3；3 点到 6 点结账的，加收 1/2；6 点以后结账的，则可加收全天房费）。

模拟实训

学生分组进行角色扮演，模拟团队离店结账服务，其他学生进行观察并进行互动点评，教师全程指导。

任务考核

一、单选题

1. 办理团队结账离店手续时，需在“收银”（Cashiering）模块，选择（　）进入住店客人查询界面。

A.“Billing”　　B.“Post it”

C.“Check Out”　　D.“Fast Posting”

2. 酒店针对团队、会议客人提供的一揽子报价是（　）。

A. 标准价　　B. 折扣价　　C. 商务合同价　　D. 小包价

3. 团队入住酒店时出现（　）现象需要地接社计调与地陪来共同解决。

A. 发现酒店房况不尽如人意，团队要求退房或换房，酒店无法满足

B. 酒店将团队入住时间记录错了，与其他团队搞混了，无法提供预订房间

C. 酒店空房尚未退完，或者上一批客人已退但酒店未及时整理好，团队等房时间较长

D. 酒店未做好团队变更入住时间的核实工作，无法提供预订房间

4. 团队结账时要先结清客人的房账，团队所有客人的房账转到（　）后，最后结这个房间的房账。

A. AR 账户　　B. 个人账户　　C. 客人房账　　D. 假房

5. 下列（　）客人在酒店消费可以挂账。

A. 散客　　B. 有预订的客人

C. 团队中成员　　D. 签有协议的团队负责人

二、多选题

1. 酒店常用的结账方式有（　）。

A. 现金结账　　B. 刷卡

C. 二维码扫码　　D.Apple Pay

2. 酒店通常接受的国内外信用卡中，包括（　）。

A. 长城卡　　B. 中国工商银行卡

C. 万事达卡（Master Card）　　D. 大来卡（Diner’s Club）

3. 以下属于支票核对流程内容的有（　）。

A. 注意真伪　　B. 有效期　　C. 涂改印记　　D. 签字

4. 下列选项中属于客账管理的基本要求的有（　）。

A. 建立系统　　B. 账目要清晰

C. 转账要迅速、准确　　D. 验收房卡

5. 前厅接待员收到的团队接待通知单包含的内容有（　）。

A. 团队抵店时间　　B. 团号

C. 人数　　D. 用房数量

三、判断题

1. 当客人退房要求出行李时，行李员可将行李直接取出。（　）

2. 客人换房后，应将原来房态更改为空房。（　）

3. 总机所提供的叫醒服务是全天 12 小时服务，可细分为人工叫醒和自动叫醒服务。（　）

4. 酒店不仅应为主客提供舒适的客房、美味的菜肴、热情礼貌的优质服务，而且还应对住客的财产安全负责。（　）

5. 若客人的房间处于请勿打扰的状态，则任何情况下都不能打扰房间主客。（　）

参考答案

一、单选题：1. A　2. D　3. A　4. D　5. D

二、多选题：1. ABCD　2. ACD　3. ABCD　4. ABC　5. ABCD

三、判断题：1. ×　2. ×　3. ×　4. √　5. ×

模块三 专项操作

前厅服务人员工作过程中使用的重要软件、硬件系统，首先保证信息安全、符合治安管理规范，其次应业务状态明确、账目清晰，最后对企业市场营销、优质服务形成支撑。

任务10　酒店前厅管理系统认知

证书技能要求

1. 了解酒店前厅管理系统的功能。
2. 掌握酒店前厅管理系统的专业术语。
3. 能够对酒店前厅管理系统有基本认知。

任务概述

能够操作前厅管理系统，获取常用的服务信息，包括顾客信息、业务信息（预订、入住、结账等）、客房信息等，为前厅部各岗位服务提供支持。

学习内容

1. 理解酒店前厅管理系统的定义及其内涵，熟悉国内常见酒店前台系统（酒店管理信息系统）。

2. 熟悉酒店管理信息系统的启动、自检、登录、注销和退出操作，熟悉酒店管理信息系统的主界面、功能区域的划分及操作方法。

3. 深刻理解酒店管理信息系统日期与实际日期的关系及其与酒店经营的关系。

4. 能够操作前厅管理系统获取常用服务信息。

任务 10-1 客户资料查询

知识准备

酒店前厅管理系统（Property Management System，PMS）是一个基于计算机的业务管理信息系统，亦被翻译为酒店管理信息系统、物业管理系统、前台管理系统。尽管各个酒店管理信息系统的构成有区别，但术语“酒店管理信息系统”通常被用来描述一套与前台和后台业务直接相关的信息系统，主要覆盖酒店的日常业务。酒店管理信息系统是酒店业最早实现信息化的部分之一，是酒店信息系统最重要的组成部分，借此实现了酒店主要业务的信息化，包括预订、接待、收银和客房的管理，尽管目前可以看到的酒店管理信息系统很多，但酒店管理信息系统的核心功能可以概括为五大功能：客户（资料）管理、客房管理、业务管理（散客业务和团队业务）、账务管理和接口管理，这五大功能可以看作酒店核心资源在信息系统中的映射，功能之间的关系如图 3-1 所示。

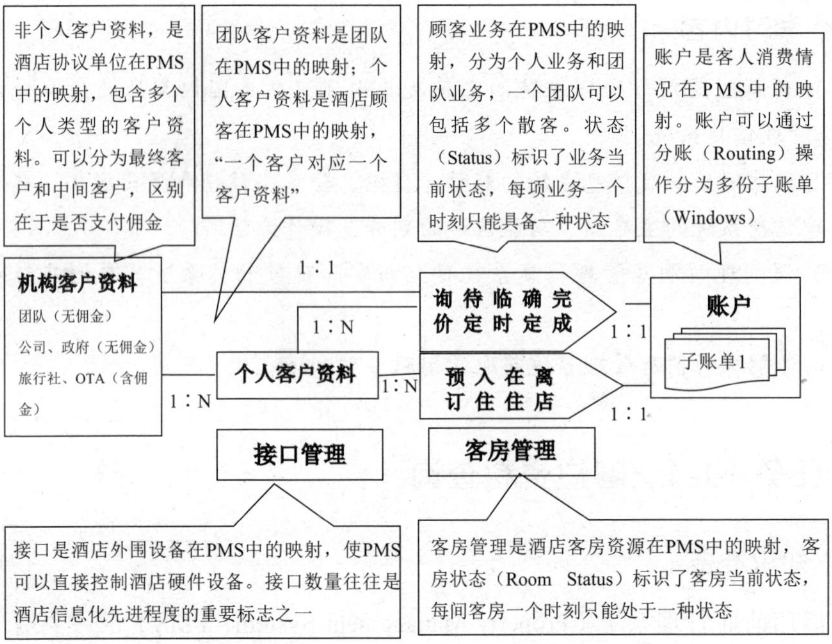

图 3–1　酒店管理信息系统核心功能与酒店服务和管理关系

任务引入

（1）重要经营信息查询：某酒店正常经营，查询常用经营信息，如酒店日期、客房总数、出租率、平均房价、当夜出租率、今日入住房（人）数、今日离店房（人）数、各种状态客房数量（VC、VD、OC、OD 等）。

（2）客户资料查询：某顾客曾经多次入住酒店，已知该顾客姓名（或手机号、身份证号、会员卡号等），查询该顾客信息，如通信地址、联系方式、工作单位、顾客喜好、禁忌、消费历史等。

任务分析

操作所涉及均为酒店经营、服务过程中常用信息，是服务过程中的重要保障。所涉及操作均为“单一”数据，即不强调数据之间的耦合、变化和相互关系。

顾客是酒店产业最重要的资源，客户资料管理模块维护了酒店客人的信息，客户资料管理模块是酒店管理系统的基础。预订操作、入住操作、收银与账户操作均以客户资料作为对象，同时，客户资料也用来记录客人信息和消费情况，一方面让酒店可以打造个性化服务，提高酒店服务质量；另一方面可以评估顾客（包括个人和组织）的消费能力和利润贡献，实现对顾客的分级管理。在早期酒店管理信息系统中，流程是系统的核心，而随着酒店产业“以客户为中心，以市场为中心”理念的发展，客户管理越来越成为酒店管理信息系统的核心。

从单体酒店角度看，客户资料记录了酒店顾客的重要信息:（1）基本信息，如姓名（公司名）、地址、联系方式、会员信息等，以静态信息为主。（2）业务信息，如客人过往预订、历史消费金额等，其本质是对顾客的业绩贡献进行统计，以动态信息为主。（3）消费偏好信息，如客人喜欢入住的房型房号、客人喜欢的朝向、餐饮信息等。

除了个人类型，客户资料中还包括多种“组织”类型，公司是其中最常用的类型，实践过程中，公司、学校、政府、非政府组织等均计入该类别——他们都是消费者和最终客户，价格和服务质量对顾客选择具有决定性的作用，与之相对的是旅行社、预订代理商属于中间商，佣金（Commission）对顾客选择具有决定性作用。公司类型的客户资料中记录了顾客的基本信息，每当顾客与酒店发生业务往来时，业务信息被记录在顾客资料中，交易历史（History）不但记录每一笔交易，而且统计每一位顾客的消费金额、客房价格、总收入等信息，为进一步开展销售活动提供依据。客户资料与酒店服务与管理的关系如图 3–2 所示。

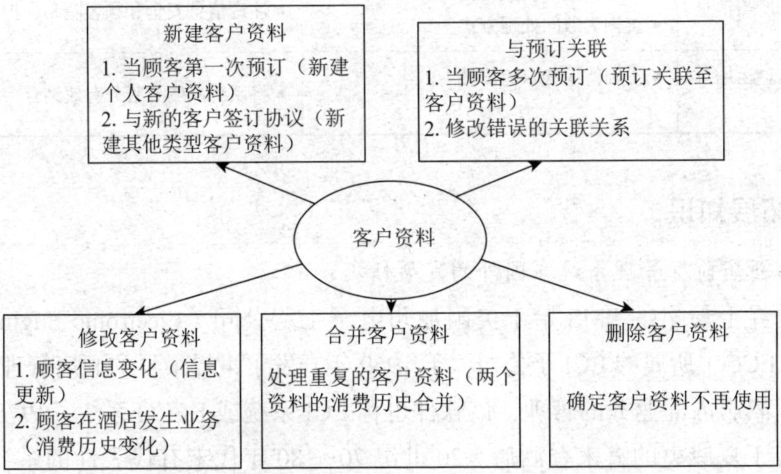

图 3–2 客户资料操作与酒店服务和管理的关系

任务实施

要求：按照前厅管理系统的操作要求，完成系统操作和客户资料查询工作（见表 3-1）。

▲工具：计算机、前厅管理系统等

▲场地：模拟前厅

▲角色：两个同学为一组模拟操作处理，1 人扮演顾客，1 人扮演酒店接待员

表 3-1　客户资料查询操作流程

步骤（Steps）	标准（Standards）	提示（Tips）
1. 获取经营或服务信息	● 通过对话、电话、邮件等方式，获取服务信息 ● 对获取信息进行处理，得到查询所用信息	● 对于经营信息，要了解经营中的需要 ● 对于服务信息，注意沟通和交流方式
2. 根据信息判断所需操作	● 根据关键信息（经营指标 / 顾客 / 业务 / 客房）判断所需操作	● 切忌盲目操作，判断错误才是最慢的
3. 操作前厅管理系统，输入查询信息	● 正确输入信息，登录前厅管理系统 ● 正确调用相关功能 ● 正确输入查询信息	● 对系统是否正常做出基本判断 ● 有些信息可以通过多种操作获取，了解原理和主要区别
4. 获取所需信息	● 正常信息的获取方式 ● 查询失败的处理方式	● 注意信息安全和顾客隐私保护
5. 将信息运用于服务	● 正确使用获取的信息	● 将系统操作与服务有效结合

拓展知识

1. 酒店前厅管理系统在国外的发展情况

世界上最早的 PMS 始于美国加州电子工程公司（Electronic Engineering CO., EECO）所属的 ECI 子公司，于 1969 年开发了世界最早的酒店管理系统，实现了酒店内部业务的管理，该软件也称 ECI 系统或 EECO 系统，1970 年最早安装于夏威夷的喜来登酒店。20 世纪 70—80 年代末有代表性的系统还有 HIS、CLS、Lodgistix、Lanmark 等，各软件均有典型客户，其中 HIS 用户最多，

但这一时期并未形成统一标准。

1987 年诞生于德国慕尼黑的 Fidelio PMS 是一个划时代的产品，引入了 20 世纪 80 年代逐渐完善的客户关系管理和收益管理思想。Fidelio 标志着酒店管理系统从“以流程为中心”到“以客户管理为核心”的变革，将渠道、市场细分、价格管理等功能引入作为 PMS，确切地说，Fidelio 更像是一个营销系统，而非简单的业务系统。在这样的先进思想加持下，Fidelio 被酒店行业所认可，20 世纪 90 年代后期成为全球占有率最高的酒店管理软件，第一次让全球大多数酒店集团有了统一的软件系统。90 年代末，美国 MICROS 公司收购 Fidelio 公司。MICROS 的主要产品是 POS 收银设备，应用于酒店、餐厅、零售等行业，收购 Fidelio 后，将 PMS 与 MICROS POS 捆绑销售，获得了巨大的竞争优势和业绩增长，逐渐成长为全球零售、餐饮、酒店等产业软件的霸主。MICROS 很早就认识到数据标准对酒店行业的价值，大力支持美国饭店协会（American Hotel and Motel Association，AH&MA）进行基础研究，于 2000 年 4 月推出了名为 HITIS（Hospitality Industry Technology Integration Standards，酒店业技术融合标准）的数据标准，包括客户资料、预订、集团预订、接口等部分，第一次实现了酒店产业各种系统、设备之间的互联互通，并在这一标准基础上推出了 Opera 酒店管理系统。Opera 对比 Fidelio 最大的改进在于对酒店集团化和网络化的改进，在最新的 Opera 5.0 版本中，Opera 已经成为包含 10 个模块的 Opera 企业解决方案（Opera Enterprise Solutions），提供了收益管理、渠道管理、分销管理、集团客户信息管理等功能，更适合信息时代和互联网时代集团化酒店的运作方式，但在基本功能方面，Opera PMS 系统对比 Fidelio 系统功能并无变化，依然沿用客户资料管理（Profiles）、业务管理（Reservation、Front Desk）、账务管理（Cashiering）、客房管理（Rooms Management）和接口管理。

从 2000 年到 2020 年，Opera 系统从 V1 版本升级到 V5，但背后的 HITIS 数据标准没有变化，Opera 出现了两项疏漏：一个是在移动互联网、云计算领域技术突破不大，具体表现在对移动支付、团购、微信预订等功能推出迟缓；另一个是随着 Opera 功能的加强，软件变得越来越庞大，在速度和兼容性方面表现不好。这两方面的疏漏给竞争对手留下了机会，尤其是 2014 年 6 月美国甲骨文公司（ORACLE）收购 MICROS，导致一系列的竞争对手出现，如曾经推出 HIS 的美国饭店业资讯系统有限公司（HIS 公司 2009 年被美国 Infor 公司收购，Infor 是世界第三大企业软件供应商）推出新的 HMS 系统以及新组建的一系列公司，如德国 Hetras、美国 StayNTouch 等，这些新产品均以移动互联网、云计算作为主要突破点，Opera 垄断近 20 年的高星级酒店 PMS 市场地位出现变局。

2. 酒店前厅管理系统在中国的发展情况

在中国市场 PMS 发展呈现分化格局，国外软件占据高端市场，其余市场由国产软件控制。20 世纪八九十年代 EECO、HIS、CLS、Logistix 百花齐放之后，90 年代后期至 2020 年，MICROS 先是在上海设立分公司，后通过石基信息代理经营中国市场，2003—2017 年石基信息独家代理 MICROS 全部产品，Fidelio 和 Opera 一直独占国内高星级酒店，尤其是外资连锁酒店市场。石基信息也依托庞大的中国酒店业市场，一面代理 MICROS 产品，同时持续开发和收购自有产品，逐渐成长为全球第二、亚洲第一的酒店信息化解决方案企业。2014 年 9 月，阿里巴巴与石基信息达成股权合作。也许是感受到石基信息独占中国市场带来的弊端，甲骨文于 2017 年 11 月结束了石基信息独家代理 Opera 的局面，授权杭州绿云软件有限公司分销、实施和支持 Fidelio 和 Opera 产品，而石基信息则于 2020 年 3 月 1 日宣布与甲骨文的合同自 5 月 31 日到期后不再续约。

在国产软件领域，自 20 世纪 90 年代以来，国产软件始终占主流市场，最早一批国产软件如西湖软件、华仪、华盛（中软好泰前身）、千里马等，开发多以国外软件作为原型，其中 Logistix 和 CLS 是被学习最多的软件，Logistix 是我国第一家五星级酒店广州白天鹅的管理系统，而 CLS 是少数能够获得源代码的国外酒店管理系统。这两个软件的开发均以流程控制为中心，决定了早期国产软件也学习了这一特点。直到 90 年代后期，Fidelio 进入中国，国产软件参考 Fidelio 对产品进行完善，在客户管理、业务管理等进步明显，但国产软件并没有完全实现“基于价格可用性销售”的系统架构，在价格管理、团队管理、渠道管理等方面依然有较大的差距，2006 年石基信息购买 Fidelio V7 源代码版权，与 MICROS 公司共享版权，2009 年在此基础上推出 Sinfonia，2016 年推出 Cambridge 康桥云酒店管理系统。

国产软件的另一个发展领域始于 2000 年以后经济型酒店的发展，如家、汉庭、7 天均自行研发 PMS 系统，这些系统均采用云管理的模式，逐渐发展为 PMS 的另一个分支，一部分为新建企业，如绿云、别样红、金天鹅、罗盘、住哲等，另一部分为原有 PMS 厂商的经济型酒店版本，如西湖软件、中软均推出了经济型酒店的版本。到 2020 年，我国中小型酒店已经基本普及了 PMS 管理，基于网络的云 PMS 成为主流。

模拟实训

客户资料查询：

1. 客人 Mike Lee 的中文姓名是（　　）。
2. 客人 An Dong 的性别是（　　）。
3. 客人刘峰的国籍是（　　）。
4. 客人马冉的电话号码是（　　）。
5. 客人孙海的电子邮件地址是（　　）。

任务 10–2　业务查询

知识准备

在酒店管理信息系统中业务管理就是处理酒店对客服务流程，是顾客住店流程在酒店管理信息系统中的映射，主要包括散客业务和团队业务。散客业务分为预订、入住、在店、离店等阶段，客人状态（Status）标示了客人当前业务状态，每个业务的状态唯一。

任务引入

业务查询：酒店完成某顾客的完整服务流程（从预订、入住、在住到离店），已知该顾客状态、姓名等信息，查询该业务信息，如入住日期、离店日期、预订房型、房间数量、价格、预订需求、房间号码、当前状态（预订 / 预订取消 / 在住 / 离店等）。

任务分析

酒店根据顾客与酒店业务的进展，将整个散客业务流程分为四个阶段[①]。

无业务阶段：客人尚未与酒店发生业务。

预订阶段：酒店为办理客人预订之后，客人初始状态为预期到达（预抵，Expected），当临近顾客预订日期时，状态变更为（当日应到，Due In），预订后可以进行修改、取消操作，如果预订日未入住，则进入应到未到（No Show），No Show 数据是酒店制订超额预订策略的重要依据，是收益管理的重要指标。

任务实施

要求：按照前厅管理系统的操作要求，完成系统操作和业务查询工作（见表 3–2）。

▲工具：计算机、前厅管理系统等

▲场地：模拟前厅

▲角色：两个同学为一组模拟操作处理，1 人扮演顾客，1 人扮演预订员

表 3–2　业务查询操作流程

步骤（Steps）	标准（Standards）	提示（Tips）
1. 获取经营或服务信息	• 通过对话、电话、邮件等方式，获取服务信息 • 对获取信息进行处理，得到查询所用信息	• 对于经营信息，要了解经营中的需要 • 对于服务信息，注意沟通和交流方式
2. 调用业务查询功能	• 根据关键业务信息判断所需操作（有可能是预订、离店等）	• 切忌盲目操作，判断错误才是最慢的
3. 操作前厅管理系统，输入查询信息	• 正确输入信息，登录前厅管理系统 • 正确调用相关功能 • 正确输入查询信息	• 对系统是否正常做出基本判断 • 有些信息可以通过多种操作获取，了解原理和主要区别
4. 获取所需信息	• 正常信息的获取方式 • 查询失败的处理方式	• 注意信息安全和顾客隐私保护
5. 将信息运用于服务	• 正确使用获取的信息	• 将系统操作与服务有效结合

① 其他两个阶段内容详见任务 10–3。

拓展知识

酒店散客业务流程与客人状态之间的关系如图 3–3 所示。

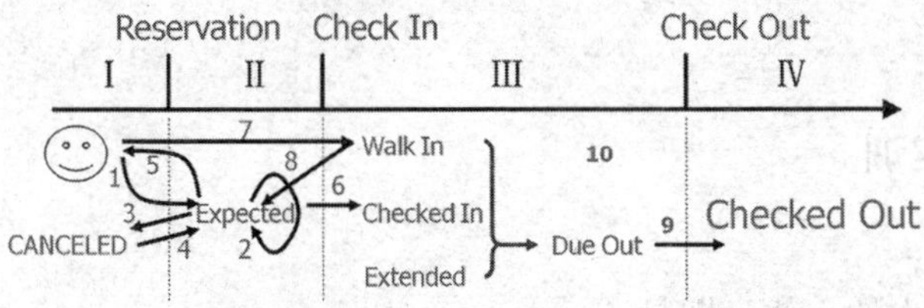

图 3–3　酒店散客业务流程与客人状态之间的关系

（1）新建预订（New Reservation）：为客人完成新建预订操作，酒店管理信息系统五大模块分别完成以下处理（见表 3–3）。

表 3–3　酒店管理信息系统五大模块与新建预订操作的关系

功能模块	实施处理
客户管理模块	客户未来业务中记录顾客预订
业务管理模块	增加客户新预订，预订初始状态为“预期到达”（Expected） 当临近顾客预订日期时，状态变更为（当日应到，Due In）
账务管理模块	为新预订开立账户，便于收取预订保证金和入账操作
客房管理模块	如果提前为客人分配房间，客人入住当日，将客房状态修改为“预抵”（Due In）
接口管理模块	预订网站接口获取预订信息，将信息直接输入 PMS 调用信用卡接口完成信用卡担保预订操作 调用 Email 接口发送预订确认函、顾客账单等信息

（2）预订修改（Edit Reservation）：对预订信息修改后，预订状态依然保持“预期到达”（Expected）。

（3）预订取消（Cancel Reservation）：对于预期到达（Expected）状态的预订，预订员可以使用取消预订操作，预订状态由“预期到达”（Expected）变为“被取消”（Canceled）。

（4）预订激活（Reactivate Reservation）：对于处于“取消”（Canceled）状态的预订，预订员可以使用预订激活操作，预订状态由“被取消”（Canceled）回到“预期到达”（Expected）。

（5）预订删除（Delete Reservation）：对于误操作而产生的预订，预订员可以使用预订删除将其删除。删除预订与取消预订的区别在于：被取消的预订依然可以在系统中找到，该预订可以重新被激活，而被删除的预订则在系统中无法找到[①]。

模拟实训

业务查询：

1. 客人王志的入住日期是（ ）。
2. 客人刘可的离店日期是（ ）。
3. 客人刘易斯的房价是（ ）。
4. 客人马丽分配到的房间号码是（ ）。

任务 10-3 在住顾客查询

知识准备

当顾客完成入住操作、状态变为在住时，表明顾客处于在住状态，在此期间顾客接受酒店客房等其他服务，同时产生房费。

任务引入

在住顾客查询：已知该顾客姓名、房号等信息，查询该顾客是否为正常在住顾客。

已知顾客姓名，查询顾客房号信息。

任务分析

在住阶段：酒店为客人办理入住手续，如果是预订客人入住，客人状态为预订在住（Checked In）；如果无预订客人入住，客人状态为上门客在住（Walk In），客人延长在店时间被称为续住（Extended）。到达客人预期离店日（即离店日期 = 当前日期），客人状态为预期离店（预离，Due Out）。

---

① 操作顺序 6 至顺序 10 的内容详见任务 10-3。

离店阶段：酒店为客人办理离店手续，预离（Due Out）客人应使用结账离店功能办理；在住（Checked In 或者 Walk In）客人应使用提前离店（Early Departure）功能办理。完成操作后，客人状态为离店（Checked Out）。如果客人使用现金、支票支付，客人账户为结清状态，收入在收银员日结时交至财务部或者投入酒店收银保险柜；如果客人选择挂账（City Ledger），则费用转入应收账款（Accounts Receivable，AR），由财务部完成后续工作；信用卡收入由收银员提交刷卡单据，由财务部联络发卡行获取收入。

顾客入住后，房号成为标识顾客的主要信息，通常通过房号—姓名确认顾客为在住顾客，确认后可以提供服务。对重要的服务请求（如开启房门、制作钥匙等），需要进行更严格的身份审核，一般为“房号—姓名—身份证号或手机号”等信息。

散客业务流程是酒店管理信息系统的基础功能，大多数酒店管理信息系统功能大同小异，以 Fidelio、Opera 为代表的软件功能和状态划分更细致，比如将入住操作根据有无预订分为 Walk In 入住和 Check In 入住，其本质是酒店管理的细化要求（对于预订顾客，定价权在预订部，反映了酒店市场营销部工作的成果；对于无预订顾客，定价权在前厅部，是前厅部营销成果的体现）。

任务实施

要求：按照前厅管理系统的操作要求，完成系统操作和在住顾客查询工作（见表 3-4）。

▲工具：计算机、前厅管理系统等

▲场地：模拟前厅

▲角色：两个同学为一组模拟操作处理，1 人扮演顾客，1 人扮演酒店接待员

表 3-4 在住顾客查询操作流程

步骤（Steps）	标准（Standards）	提示（Tips）
1. 获取经营或服务信息	• 通过对话、电话、邮件等方式，获取服务信息 • 对获取信息进行处理，得到查询所用信息	• 对于经营信息，要了解经营中的需要 • 对于服务信息，注意沟通和交流方式

续表

步骤（Steps）	标准（Standards）	提示（Tips）
2. 调用在住顾客查询功能	• 调用相关功能	• 切忌盲目操作，判断错误才是最慢的
3. 操作前厅管理系统，输入查询信息	• 正确输入信息，登录前厅管理系统 • 正确调用相关功能 • 正确输入查询信息	• 对系统是否正常做出基本判断 • 有些信息可以通过多种操作获取，了解原理和主要区别
4. 获取所需信息	• 正常信息的获取方式 • 查询失败的处理方式	• 注意信息安全和顾客隐私保护
5. 将信息运用于服务	• 正确使用获取的信息	• 将系统操作与服务有效结合

拓展知识

（1）预订客人入住（Check In）：入住操作完成后，客人状态由“预期到达”（Expected）变为“在住”（Checked In）。

（2）无预订客人入住（Walk In）：入住操作完成后，为“在住”（Walk In），入住操作与酒店信息管理系统五大模块的关系如表 3–5 所示。

表 3–5　酒店管理信息系统五大模块与入住操作的关系

功能模块	实施处理
客户管理模块	如果顾客正常入住，客户信息中业务量增加；如顾客未入住，将顾客标记为“No Show”
业务管理模块	预订状态由“预订”（Expected、6p.m.[①]、Deposit 等）修改为“在住”（Checked In 或者 Walk in）
账务管理模块	将住店客人账户设为激活状态，便于收银和结账操作
客房管理模块	将客房状态由“空净”（Vacant Clean）修改为“在住净”（Occupied Clean） 夜审后，将所有在住客房由“清洁”（Clean）修改为“脏”（Dirty） 当客人成为预离（Due Out）状态时，将客房状态修改为“预离”（Due Out）
接口管理模块	调用信用卡接口完成信用卡预授权操作 调用门锁接口制作钥匙 调用电话交换机接口开启电话权限、进行电话计费、叫早服务等

① 在 Opera 系统中，顾客状态为 6p.m. 表明客人为非担保预订，客房将被保留至下午 6 点。

（3）取消入住（Cancel Check In）：取消入住完成后，客人状态由“在住”（Checked In）变为“预期到达”（Expected）。另外，无预订入住客人（Walk In）客人取消预订后，客人状态由“无预订入住”（Walk In）变为“预期到达”（Expected），也就是说：从状态上来看，取消入住操作会让无预订客人变的有预订。

（4）结账离店（Check Out）：指客人在预订离店日期离店，也就是状态（Guest Status）为预离（Due Out）的客人的离店操作。操作完成后，系统将客人状态由预期离店（Due Out）修改为离店（Checked out）。

（5）提前离店（Early Departure）：指客人早于预订离店日期离店，也就是状态（Guest Status）为在住（Checked In）或者无预订入住（Walk In）的客人的离店操作。操作完成后，系统将客人状态由在住（Checked In 或 Walk In）修改为离店（Checked out），入住操作与酒店信息管理系统五大模块的关系如表 3-6 所示。

表 3-6　酒店管理信息系统五大模块与离店操作的关系

功能模块	实施处理
客户管理模块	夜审后，将顾客收入计入客户资料，完成对顾客的信息更新和数据统计，如入住天数、收入、餐饮收入等
业务管理模块	顾客业务状态由在住（Due Out、Checked In 或 Walk In）修改为“离店”（Checked Out）
账务管理模块	结清住店客人账户，将账户设为关闭状态，依据支付方式不同，分别计入酒店不同收入项目（现金、支票、应收账户、信用卡等）
客房管理模块	将客房状态由“在住”（Occupied）或者“预离”修改为“空”（Vacant）
接口管理模块	调用信用卡接口完成转账操作 调用门锁接口退还钥匙 调用电话交换机接口关闭电话权限、进行电话计费统计等

模拟实训

1. 客房查询

（1）0821 客房当前是否有人入住（　）。

（2）0822 客房当前是否清洁（　）。

（3）0823 客房朝向为（　）。

（4）0824 与（　）客房毗连。

（5）0826 客房房型为（　）。

2. 在住顾客查询

（1）客人未带房卡，确认顾客姓名王志，客房号码 0805，电话号码后四位为 1234，是否可以给顾客开门？（　）

（2）有访客来酒店拜访住客，顾客姓名王飞，客房号码 0808，是否可以允许该访客拜访？（　）

（3）0806 客房入住的顾客姓名为（　）。

（4）0802 客房刘先生订单中是否包含早餐（　）。

（5）0801 客房中，除了马先生，是否还有其他客人？（　）

任务 10-4　客房查询

知识准备

客房是酒店的核心资源，客房管理是酒店客房资源在酒店管理信息系统中的映射，客房管理模块是酒店管理系统的重要功能，它的主要目的在于加强前厅部和客房部的信息沟通与相互协作，实现优质的对客服务，同时提高客房资源的使用效率和维护水平。

任务引入

客房查询：已知房间号码，查询客房信息，如客房类型、楼层、朝向等信息。

任务分析

客房管理模块将每个房间的状态展示给前台职员，前台职员只要输入房间号，就可以立即获得该客房的实时状态。当一间客房清理完毕时，客房部职员可以直接修改客房状态或者通过客房服务中心修改房态，且这一信息将会马上更新，前台职员可以实时获取实时房态，房态报告（Rooms Status Report）也可以在需要时打印出来。

客房管理模块在客人登记入住时能自动处理房间和费用，管理模块在前台接待、总机和礼宾部的计算机上显示顾客信息，使前台能够及时地了解客人的情况。这些模块也使管理者能高效地安排客房服务员的工作量、工作进度等，并生成客房工作报表。另外，通过接口模块连接电话交换机，自动叫醒系统、消息留言系统可以与客房管理模块相连，为这些辅助性的顾客服务活动提供了强有力的控制。

任务实施

要求：按照前厅管理系统的操作要求，完成系统操作和客房查询工作（见表 3–7）。

▲工具：计算机、前厅管理系统等

▲场地：模拟前厅

▲角色：两个同学为一组模拟操作处理，1 人扮演顾客，1 人扮演酒店接待员

表 3–7　客房查询操作流程

步骤（Steps）	标准（Standards）	提示（Tips）
1. 获取经营或服务信息	• 通过对话、电话、邮件等方式，获取服务信息 • 对获取信息进行处理，得到查询所用信息	• 对于经营信息，要了解经营中的需要 • 对于服务信息，注意沟通和交流方式
2. 调用客房查询功能	• 调用客房查询功能	• 切忌盲目操作，判断错误才是最慢的
3. 操作前厅管理系统，输入查询信息	• 正确输入信息，登录前厅管理系统 • 正确调用相关功能 • 正确输入查询信息	• 对系统是否正常做出基本判断 • 有些信息可以通过多种操作获取，了解原理和主要区别
4. 获取所需信息	• 正常信息的获取方式 • 查询失败的处理方式	• 注意信息安全和顾客隐私保护
5. 将信息运用于服务	• 正确使用获取的信息	• 将系统操作与服务有效结合

拓展知识

酒店专用名词拓展如表 3–8 所示。

表 3–8 酒店专用名词拓展

词汇分类	重要词汇	英文原意	酒店业拓展
部门名称	Front Office	前部办公室	前厅部，包括礼宾 Concierge、接待 Reception、收银 Cashiering、总机 Operator 等多个二级部门
	Reservation	预约	客房预订，其中包括新建预订、修改预订、取消预订、删除预订等
	Front Desk	前方的桌子	前台，前厅部最重要的岗位，通常包括接待、收银等职能
	Cashiering	出纳员 / 收银员	收银，逐渐与接待岗位合并，完成顾客入住、在住和离店的操作
	Rooms Management	客房管理	客房相关操作，包括房态管理、维修房设置、矛盾房、客房使用历史等
部门名称	Profiles	人物轮廓	客户资料，是酒店顾客（包括个人和机构）在系统中的映射，存储了名称、联系方式、业务记录等，是酒店顾客管理、市场营销的核心，也是酒店管理信息系统的基础
	New Reservation	新预约	新建预订，首次收到顾客预订需求时使用，建立新的预订（初始状态为预订），成功后得到唯一的预订确认号码，生成预订确认函
	Update Reservation	更新预订	修改预订，新建预订后的信息变更，包括时间、房型等，成功后预订确认号不变，重新生成预订确认函
	Blocks	团队预订操作	团队预订，包括团队建立、团队订单维护等
	Arrivals	到达者	入住（Check In），为顾客办理入住手续，分配房间、收取入住押金、制作房卡等，完成后预订状态变更为在住
业务状态	6PM/Expected	预订	非担保预订，如果顾客不入住，酒店不能获取收入
	Guaranteed	保证的	担保预订，包括公司担保、信用卡担保等，如果顾客不入住，酒店可以获取收入

续表

词汇分类	重要词汇	英文原意	酒店业拓展
业务状态	Due in	应住未住	顾客预订且本日入住时，业务状态由预订变更为应住未住
	Checked In/ Walk In	在住	顾客处于在住状态，此时可以正常向顾客提供服务，如委托代办、设备设施等
	Due Out	应退未退	顾客入住且本日退房时，业务状态由在住变更为应退未退
	Early Departure/ Checked Out	提前离店 / 离店	结账离店操作，顾客处理费用后办理退房手续
重要单据	Confirmation	确定	预订确认函，预订阶段的完成标志。顾客预订完成后，前厅管理系统生成预订确认函，包括日期、价格、房型、预订号等，是酒店与顾客之间的合同文件，具备法律效力
	Registration Card，RC	登记卡片	入住登记单，入住阶段的完成标志。顾客入住阶段生成，其中包括抵离日期、房型、房号等，最终由顾客签字确认。随着前厅管理系统的使用，除签名外，大多数信息由系统存储并打印
	Folio	（书籍的）一页	消费明细，结账阶段的重要文件，列明了顾客的消费情况，包括消费项目、单价、数量、金额等，最终由顾客签字确认。
顾客信息（个人）	Last Name	姓	顾客的姓氏
	First Name	名	顾客的名字
	Country	国家	顾客来源地区，决定了航班信息、时区、币种等方面的需求
	Nationality	国籍、民族	顾客出生地和成长地，决定了顾客的语言、饮食等习惯

模拟实训

经营数据查询：

1. 本酒店名字是（　　）。

2. 本酒店客房数量是（　　）。

3. 酒店今天出租率是（　），平均房价是（　）。

4. 酒店前厅管理系统当前日期是（　）。

5. 系统当前登录的用户是（　）。

6. 酒店当前（VC/VD/OC/OD）客房数量是（　）。

任务考核

一、单选题

1. 入住操作是酒店前台接待的重要工作，在酒店信息系统中，该功能通常包含在（　）中。

A. 前台管理系统（Property Management System，PMS）

B. 营业点系统（Point of Sales，POS）

C. 销售与宴会系统（Sales & Catering，S&C）

D. 采购库存系统

2. 下列软件中属于国产 PMS 系统的是（　）。

A. OPERA 系统　　B. 西湖软件　　C. Fidelio 系统　　D. HIS 系统

3. 前厅部员工 Lisa 在凌晨 2 点值夜班时，客人 Tom 前来办理入住，但 Lisa 发现 Sinfonia 系统日期还是前一天，发生此事最有可能的原因是（　）。

A. 酒店未作夜审或夜审未成功　　B. Lisa 使用的电脑故障

C. 电脑房 Sinfonia 服务器故障　　D. 客人到店时间错误

4. 前厅部员工 Lisa 在早晨 6 点上班时，客人 Tom 前来办理入住，但 Lisa 发现 Sinfonia 系统日期还是前一天，那 Lisa 应当如何处理此事？（　）

A. 为客人办理手续，办理之后及时联系大堂副理或者电脑房员工处理

B. 不考虑日期问题，为客人办理手续

C. 让客人晚点再来，等 Sinfonia 时间变了再说

D. 拒绝为客人办理手续

5. 前厅部员工 Lisa 在早晨 6 点上班时，客人 Tom 前来办理入住（Check In），但目前 Fidelio 系统日期还是前一天，如果 Lisa 没有发现该问题，采用正常方法为客人办理入住手续，客人的账目会（　）。

A. 多收一天房费　　B. 少收一天房费

C. 房费正确　　D. 不一定

二、多选题

1. 下列信息中，属于客户资料中记录的是（　）。

A. 基本信息　B. 业务信息

C. 消费偏好信息　D. 未来预订信息

2. 下列软件中属于国产 PMS 系统的是（　）。

A. OPERA　B. 西湖软件　C. 绿云　D. 别样红

3. 下列软件中属于国外 PMS 系统的是（　）。

A. OPERA　B. HMS　C. 绿云　D.Fidelio

4. 下列酒店前厅管理系统中功能是（　）。

A. 客户资料管理　B. 业务管理　C. 客房管理　D. 账务管理

5. 在住阶段：酒店为客人办理入住手续，如果是预订客人入住，客人状态为（　）；如果无预订客人入住，客人状态为（　），客人延长在店时间被称为（　）。到达客人预期离店日（即离店日期 = 当前日期），客人状态为（　）。

A. 预订在住　B. 上门客在住　C. 续住　D. 预期离店

三、判断题

1. 酒店前台接待员查询顾客的入住日期和时间，应使用客户查询功能。（　）

2. 酒店前台接待员查询顾客的入住日期和时间，应使用业务查询功能。（　）

3. 酒店前台接待员查询顾客的生日，应使用客户查询功能。（　）

4. 酒店前台接待员查询顾客的生日，应使用预订查询功能。（　）

5. 尽管各个酒店管理信息系统的构成有区别，但术语“酒店管理信息系统”通常被用来描述一套与前台和后台业务直接相关的信息系统，主要覆盖酒店的日常业务。（　）

参考答案

一、单选题：1. A　2. B　3. A　4. A　5. A

二、多选题：1. ABC　2. BCD　3. ABD　4. ABCD　5. ABCD

三、判断题：1. ×　2. √　3. √　4. ×　5. √

任务 11　酒店销售渠道认知

证书技能要求

1. 了解酒店销售渠道的基本类型。
2. 掌握酒店销售渠道的作用。
3. 能够对酒店销售渠道有基本认知。

任务概述

酒店销售渠道是酒店产品服务与顾客连接的关键，近年来，分销渠道尤其是互联网分销渠道快速发展，已经成为酒店营销的重要阵地。在移动互联网技术快速发展背景下，酒店网络分销渠道作用日益增强，平衡直销与分销已经成为酒店市场营销的重要内容。

学习内容

1. 直销、分销的定义与区别。
2. 常见的直销方式与分销渠道。
3. 直销和分销的核心指标。

任务 11-1　直销渠道预订

知识准备

酒店行业的互联网化兴起于 20 世纪 50 年代，主要运用于 B2B 领域，90 年代随着万维网的发明逐渐起步，进入 B2C 领域，逐渐形成酒店电子商务产业。在我国，到 21 世纪初已经粗具规模：携程和艺龙等一批 OTA（Online Travel Agent，在线旅行社）快速崛起，并得到资本市场的认可。从成熟度来看，携程为代表的 OTA 是中国电子商务模式中最为成熟的细分市场，携程连续多年位列中国旅游企业排名第一。在OTA的主营业务当中，酒店始终都是收入和利润的中心。酒店企业传统营销渠道效率滞后，给了携程足够大的发挥空间。互联网化的方式让酒店和用户之间沟通效率快速提升，成本明显降低。

当前，传统酒店爆发出的多元化的营销需求已经难以通过既有的在线OTA平台服务得以满足。一方面，OTA通过佣金对酒店利润的侵蚀是无法回避的事实，尤其在近年来持续爆发的在线旅游价格战中，OTA利用其在分销渠道的垄断优势，对酒店利润的进一步压榨引发了酒店的不满。另一方面，OTA覆盖的酒店数量、类型、区域相对局限，还有大量的线下酒店的推广需求很难被满足。酒店开始积极地寻求在线直销机会，拓展在线营销渠道、发展官网和线上会员体系已成大势所趋。互联网营销以其广泛性（全世界都可以点击登录查看）、即时性（可以实时更新内容）、全时性（24小时 ×365天均可访问）赢得了企业的认可。酒店行业常见的网络营销方式有酒店直销、分销两种。

酒店网络直销的销售主体是酒店，既可以是单体酒店自己，也可以是酒店集团的统一销售行为，直接面对个人用户达成销售，直销模式的支出主要以管理费用（营销部人员支出、酒店集团渠道费用、天猫旗舰店开办费用）、研发费用（开发酒店/酒店集团官方网站、预订平台、微信预订平台等）、营销费用（用户补贴、优惠券等）形式发生。

由于电子商务“高固定成本、低边际成本”的特性，单体酒店、小型连锁酒店很难达到酒店电子商务的规模临界值，在酒店开展网络营销初期，固定成本较高，费效比并不明显。我国酒店线上直销渠道拓展重视不够，大部分酒店的线上直销渠道发展弱，主要依赖OTA分销，初期是携程、艺龙、去哪儿等，2015年后逐渐发展为美团、飞猪等渠道。

任务引入

确定一家你感兴趣的品牌连锁酒店，对酒店直销渠道进行调研：

1. 该酒店是否有官方网站？是否支持网络预订和在线支付？
2. 该酒店是否有官方微信账号？是否支持网络预订和在线支付？
3. 该酒店是否有天猫旗舰店？是否支持网络预订和在线支付？
4. 该酒店所属集团是否有集团官网，是否支持网络预订和在线支付？

任务分析

直销主要是通过酒店官网或其他在线平台，如天猫旗舰店（飞猪）、官方微博、酒店微信公众账号等，订单直接进入酒店或者酒店集团中央预订系统，不通过第三方平台，节省佣金，但开发成本较高，流量获取难度大。

任务实施

要求：运用互联网，查询酒店直销预订渠道（见表 3-9）。

▲工具：计算机或手机

▲场地：机房或多媒体教室

▲角色：确定目标酒店后，3~4 人为一组，查询直销渠道功能并进行对比

表 3-9 酒店直销查询的基本工作流程

步骤（Steps）	标准（Standards）	提示（Tips）
1. 每人确定一家目标酒店	• 确定一家目标酒店，查询准确酒店全称、电话号码等信息	• 可以在单体小型酒店，连锁高星级酒店、中档酒店等业态中选择
2. 有效分工，查询酒店预订渠道	• 在搜索引擎上搜索酒店，对比搜索结果	• 注意搜索关键词的变化和搜索平台的不同
3. 根据不同的搜索结果完成题目	• 认真分析和对比不同酒店的搜索结果	• 根据不同平台搜索结果进行综合比较
4. 对比分析	• 对比不同酒店的搜索结果的差异 • 分析产生不同结果的原因	• 对结果和原因的差异进行综合比较分析
5. 形成决策	• 形成综合报告	• 注意决策的针对性和有效性

拓展知识

有部分营销理念较为先进的酒店，在 OTA 分销渠道的基础上，开始建立酒店官网，并开展电子商务、发展会员体系，以摆脱对 OTA 的过度依赖。但官网在线直销需要较大的成本投入和技术支持，所以主要被具备一定规模和实力的酒店集团和连锁酒店采用，数量众多的非星级酒店和单体酒店要么难以建立完善的直销渠道，要么直销渠道的推广和营销不足、使用率低下。

近年，平台类网站异军突起，加入酒店网络营销大潮中，如去哪儿网以云

计算为基础开发的 SAS 平台，酒店可以在该平台上建立类似官网的专属经营页面，按用户每次点击付费；飞猪（原淘宝旅行）也是类似的 B2C 交易平台，但收费模式与去哪儿网的点击付费不同，飞猪向酒店收取一定的技术服务费和少量佣金（3%~5%）。平台类网站的兴起，对非星级酒店和单体酒店而言，很好地弥补了成本不够、IT 能力不足的弱点，而对于已拥有官网的连锁酒店或酒店集团，像去哪儿网这样兼具搜索引擎功能的平台可以将流量直接输送到官网上。

模拟实训

在百度、搜狗等搜索引擎中查询某酒店全称，观察该酒店直销渠道（网站、天猫旗舰店等）在搜索结果中的排名，与同学对比不同酒店和酒店集团的排名，思考并分析形成这样差异的原因。

任务 11-2　分销渠道预订

知识准备

一、分销渠道预订定义

销售的主体是第三方，有可能是旅行社，也可能是专业的网络分销商、全球分销公司、差旅公司等，OTA 在我国酒店在线分销中占据统治地位，大多数分销渠道采取佣金模式（也称为代理模式，Agency）：网络分销商为酒店带来一个预订并成功支付，酒店向分销商支付一定比例佣金（通常 10%~25%，视代理商与酒店力量对比综合评定），国内 OTA（包括携程、艺龙、去哪儿、美团等大多采取此模式）、GDS 大多采用此模式。在佣金模式下，向分销商支付的佣金计入酒店营销费用，会体现在财务报表上，酒店“痛苦指数”比较高，但由于属于“根据效果付费”，初期酒店接受度较高。早期的分销渠道会将顾客信息完整发送给酒店，包括顾客姓名、电话、邮箱等，但随着 OTA 的发展，越来越多的渠道商倾向于屏蔽顾客电话等联系方式，其目的在于垄断顾客信息，获取长期利润。

二、分销渠道分类

1. 网络预订代理

网络预订代理（Online Travel Agency，OTA）也称在线旅行社，是指利用互联网，开展酒店销售并获取佣金的企业。OTA 在中国的典型代表有携程网、艺龙网等，他们大都不直接从住店客人手中收取费用，而是让酒店定期支付佣金，所以酒店和中介也经常就客户是否入住了酒店有所争议。国外订房中介的典型代表是 Expedia、Booking、Agoda 等，不同于中国网络订房中介的是 Expedia 会在客人预订时收取全额房费，如果客人入住良好没有投诉，则 Expedia 会在一到三个月内把房费返还给酒店，当然，佣金已经被 Expedia 留在自己账户了。

2. 全球分销系统

全球分销系统（Global Distribution System，GDS）是应用于民用航空运输及整个旅游酒店业的大型计算机信息服务系统。通过 GDS，遍及全球的旅游销售机构可以及时地从航空公司、酒店、租车公司、旅游公司获取大量的与旅游相关的信息，从而为顾客提供快捷、便利、可靠的服务。从 GDS 的发展过程看，GDS 是由于旅游业的迅猛发展而从航空公司订座系统中分流出来的面向旅行服务的系统。如今，GDS 已经发展成为服务于整个旅游业的一个产业，除了原有的航空运输业，酒店、租车、旅游公司、铁路公司等也纷纷加入到 GDS 中来。经过技术与商务的不断发展，GDS 已经能够为旅行者提供及时、准确、全面的信息服务，并且可以满足消费者旅行中包括交通、住宿、娱乐、支付及其他后续服务的全方位需求。GDS 在激烈竞争中，逐渐形成 Sabre、Galileo、Amadeus、Worldspan 等巨头，中国国内最大的 GDS 为中国航信（TravelSky）。

GDS 与 OTA 具有明显的不同，GDS 用户主要为机构用户，如国外旅行社、旅行公司等，而 OTA 主要客户为个人客户；在操作界面上，OTA 强调简易操作、图片美观，具备很强的营销属性，而 GDS 更注重操作效率，业务属性更强。

3. 团购、点评等新兴预订中介

团购网站的兴起为酒店业开拓了另一个分销渠道，超低的价格吸引了大量消费者的目光，但是团购产品的消费条件往往比较严格，如限定有效期，必须提前两天预约，不能与其他优惠同时进行，还有一些酒店提出节假日不能消费，甚至在周末也以预订满为由拒绝团购客户的预约。

点评网站也是酒店分销的另一种形式。大众点评网、到到网是酒店行业的点评网站的代表，点评网站首先要聚集人气，找到大量的曾经在该酒店消费的客人，并请他们提供点评信息。点评网站存在的问题之一是如何让消费者确认点评者的真实性，也就是说，能否确信点评信息既不是该酒店自己写来美化自己的，也不是竞争对手来丑化该酒店的。

任务引入

顾客王女士计划预订酒店，尝试通过互联网查询酒店预订渠道，一共可以找到哪些渠道？其中的直销和分销渠道各有哪些？

任务分析

该任务通过互联网寻找酒店网络预订渠道，了解直销与分销渠道，对酒店渠道的多样性建立感性认识，意识到分销渠道数量远远多于直销渠道。难点在于有些直销与分销难以辨别，需要指导教师根据实际情况进行判定，同时为后续任务——流量转化做出准备。

任务实施

要求：运用互联网，查询酒店分销预订渠道（见表 3–10）。

▲工具：计算机或手机

▲场地：机房或多媒体教室

▲角色：确定目标酒店后，3~4 人为一组，合作寻找预订渠道

表 3–10　酒店分销查询的基本工作流程

步骤（Steps）	标准（Standards）	提示（Tips）
1. 确定目标酒店	● 确定目标酒店，查询酒店电话号码、网址等信息	● 尽可能选择品牌连锁酒店
2. 有效分工，查询酒店预订渠道	● 找到预订渠道后，记录网址、App 名称或微信公众号名称等信息	● 注意对于预订渠道的有效区分

续表

步骤（Steps）	标准（Standards）	提示（Tips）
3. 测试并记录渠道分类和功能	• 测试该渠道是否支持在线预订和支付	• 根据测试情况记录网站或 App 功能、是否支持预订、是否支持在线支付等
4. 对比分析	• 对比直销渠道和分销渠道的数量差异 • 对比直销渠道和分销渠道的功能和性能差异	• 注意对比结果的综合分析

拓展知识

分销与直销都是酒店销售渠道，不同形式的在线分销和在线直销对比如表 3–11 所示。

表 3–11　网络营销直销模式与分销模式成本对比

营销渠道	直销模式			分销模式		
	酒店或集团官方网站	在线旅游平台	微博、微信等社交媒体	OTA	GDS	差旅管理
典型企业	酒店官网、首旅官网、锦江官网等	去哪儿直销（早期）、飞猪、天猫旗舰店等	微博官网、微信官网	携程、艺龙、去哪儿（2016 以后）	Saber、Amadeus、TravelSky	HRS、宝库在线
特点	复杂度高，需要企业自己获取流量 当流量不足时，费用很高，当流量增加后，平均费用降低 客户在酒店或酒店集团手中			简单，需要企业支付佣金 根据订单数量付费，初期成本低，但随着订单数量增加成本快速提升 客户被渠道所垄断		

注：酒店官网尽管不变成本较低，但开发网站、维护网站等固定成本较高。

从以上对比可以看到，在线直销成本远低于分销成本，酒店直销水平提高 1 倍，预订成本可减少 46%。不难看出，成本因素是酒店在线直销的核心推动力。在美国，四大在线旅行代理商共同占据美国在线旅游领域 38% 的市场份额，而航空公司以及酒店的直销网站占据在线旅游 40%~50% 的市场份额，相比之下，酒店直销比例在中国还有较大的上升空间。

模拟实训

在百度、搜狗等搜索引擎中搜索某酒店全称，观察该酒店分销渠道在搜索结果中的排名，与同学对比不同酒店和酒店集团的排名，思考并分析形成这样差异的原因。

任务 11-3 流量转化

知识准备

随着互联网、社交媒体等技术的发展和普及，网络传媒、广告、推广和市场营销之间的界限越来越模糊，很难用传统的“直销”或“分销”进行区分，不妨看以下案例：

某顾客 A 女士入住酒店后，对酒店服务非常认可，通过微信朋友圈“点赞”酒店，该顾客的朋友 B 女士看到该信息后产生需求，这应该被看作一次“传媒”。接下来 B 女士向 A 询问预订方式，A 女士有可能推荐官方 App 预订（直销），也有可能推荐携程预订（分销）。B 女士还有可能直接在百度查询该酒店，从而产生搜索引擎优化，她先是仔细查看了该酒店的点评信息，之后她有可能选择官网预订形成直销，也有可能点击 OTA 网站形成分销。

社交营销、网络媒体都已经不可避免地加入了社交属性，哪怕只是一个分享按钮，只要你能通过一次点击将信息分享给社交网站的好友，如酒店、OTA 都可以将信息分享至社交媒体，从而形成潜在的销售机会。新媒体营销，在互联网进入社交媒体时代后，出现了网络杂志、博客、微博、微信、百度知道、小红书、今日头条、抖音、快手等新媒体，所有媒体获取的访问量（俗称流量）均可以看作潜在的销售机会，将流量转化为订单的比例至关重要，酒店企业运用这些新型的技术，获取流量、实施转化、形成订单的过程可以看作新媒体营销，也叫数字化营销。

随着互联网产业的发展，尤其是看到阿里巴巴、携程等电子商务类企业的成功，大量的在线旅游、预订网站纷纷建立，酒店也建立官网等直销渠道，各企业对流量的争夺导致获客成本日益提高。酒店网络推广是以营销为目的，通过各种方法提高渠道访问量的过程，包括搜索引擎优化、网络广告、软文营销、视频营销、直播营销等，愈演愈烈的流量争夺大幅度提高了直销和分销的成本。以携程为例，2019年营销费用为93亿元，收入占比26%，其中大多数是客户补贴和广告投入，酒店主要推广模式有以下几种。

一、搜索引擎推广

搜索引擎营销（Search Engine Marketing，SEM），如谷歌（Google）、百度Baidu等，搜索引擎营销就是基于搜索引擎平台的网络营销，利用顾客对搜索引擎的依赖和使用习惯，在顾客检索信息的时候将信息传递给目标用户，在互联网问世初期主要通过人工进行分类链接，如雅虎（Yahoo），随着技术的进步和网站的爆炸式增长，以谷歌和百度为代表的搜索引擎采用计算机进行排序，排名取决于网站的访问量、内容、更新速度等指标。搜索引擎营销的基本思想是让客户发现信息，并通过点击进入网页，进一步了解所需要的信息，酒店或者网络分销商通过搜索引擎优化、付费搜索等方式，提高渠道访问量，最终实现交易。SEM的方法包括搜索引擎优化（Search Engine Optimization，SEO）、付费排名、广告投放等。

搜索引擎优化，是利用搜索引擎的规则提高网站在有关搜索引擎内的自然排名。目的是让其在行业内占据领先地位，获得品牌收益。搜索引擎优化设计主要目标有两个层次：首先要被搜索引擎收录，其次是在搜索结果中排名靠前，SEO的目标是以最小的投入在搜索引擎中获最大的访问量并产生商业价值。SEO的主要手段有主动提交网址链接、优化页面标题、优化关键词、培养链接、提高更新速度等。搜索引擎的算法也在不断优化中，酒店企业需要不断了解算法变化，及时调整策略以提高效果。

除了搜索引擎优化，另一种提高网站排名的方法是付费搜索，即通过付费的方式使推广信息在搜索结果中排名靠前，一般采用按点击进行付费（即CPC模式），付费搜索定价取决于关键词，关键词范围越大、竞争对手越多，价格越高，如关键词“北京天安门五星级酒店”的价格高于“北京密云经济型酒店”，其效果等同于网络广告。

二、垂直搜索引擎

垂直搜索引擎是针对某一个行业的专业搜索引擎，是搜索引擎的细分和延伸，是对网页库中的某类专门的信息进行的整合，定向分字段抽取出需要的数据进行处理后再以某种形式返回给用户，也被称为比价网站。酒店行业的垂直搜索引擎的典型代表是国外的 Kayak、天巡（Skyscanner）以及国内的去哪儿网等，它为消费者提供了同一家酒店在不同渠道的报价，既包括分销渠道，也包括直销渠道，消费者可以选择购买。垂直搜索引擎很像是买衣服时通过网络搜索告诉我们哪个商场折扣力度最大，并告诉我们乘坐哪种交通方式去买衣服最为经济。垂直搜索引擎企业一般通过广告获取收入，其盈利能力明显低于 OTA，OTA 企业出于战略选择会通过收购等方式控制垂直搜索引擎，以实现获取流量、打击竞争对手的目标。比如，2012 年 Kayak 被 Priceline（全球第一大 OTA，也是 Booking、Agoda 的母公司）收购，去哪儿和天巡被携程网所收购，最终的结果是"OTA 获得了流量，垂直搜索得到了利润，酒店再一次被出卖"。

三、其他酒店网络推广模式

除了常见的搜索引擎、垂直搜索等，流量争夺已经成为企业网络营销主战场，随着互联网技术的发展、支付体系的完善，在任何网站、应用程序、地图软件、直播，甚至视频中添加销售链接成为可能，如地图（包括百度地图、高德地图等）、视频（爱奇艺、腾讯视频等）、短视频（抖音、快手、西瓜等）、直播（斗鱼、映客、虎牙等）等。另一类新的推广模式是以今日头条为代表的新平台，其本质是根据顾客的浏览记录，通过人工智能进行个性化推荐，并结合旗下抖音、西瓜视频等平台实现流量转换，今日头条可以看作"个性化的搜索引擎 + 浏览器"的结合。

随着技术的发展，出现了两方面的趋势，一个趋势是网络推广与网络营销的界限越来越模糊，营销网站可以自带点评、视频、直播等功能，实现"一边推广、一边营销"，而推广网站也可以实现网上商城功能，直接点击完成预订，已经很难分清一个网站到底是营销网站还是推广网站；另一个趋势是推广已经无法区分是直销还是分销，当一个广告或者一段视频推广了某家酒店，如果最终的链接是酒店官网，则可以看作直销，如果最终链接到某 OTA 网站，则应当被视为分销（见图 3–4），从而出现了社会营销、新媒体营销等多种概念。

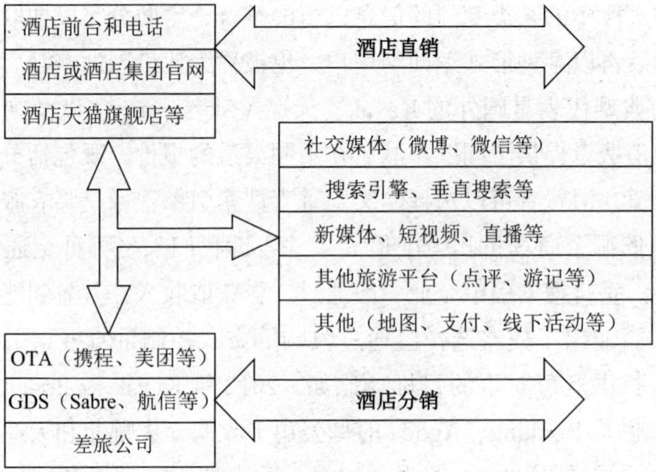

图 3-4　酒店直销与分销渠道

任务引入

选择两家感兴趣的酒店，一家单体小型酒店，一家连锁高星级酒店，在搜索引擎（百度、搜狗等）中输入酒店全名进行搜索。

表 3-12　两家酒店搜索对比

	酒店A（单体小型酒店）	酒店B（连锁高星级酒店）
酒店官网搜索引擎排名		
官网是否支持点评		
官网点评条数		
官网照片总数		
官网照片精美程度		
集团官网搜索引擎排名		
携程（或去哪儿）搜索引擎排名		
携程点评条数		
携程点评分数		
携程照片总数		

续表

	酒店A（单体小型酒店）	酒店B（连锁高星级酒店）
携程照片精美程度		
Booking（或 Agoda）搜索引擎排名		
美团搜索引擎排名		

综合表 3-12 中各种渠道价格、功能、点评等信息，你会选择哪个渠道完成预订，这样选择的原因是什么？

任务分析

为了评估网络营销和网络推广效果，酒店制订了一些指标进行效果评估，这类指标分为两类：一类关于数量方面，也称为流量（Traffic），互联网营销与传统营销相同，心理上人们意识到你的存在——Awareness，心态上人们喜欢你的存在——Preference，并且将这些流量转化（Conversion）为销售。另一类是关于质量方面，网络口碑（Internet Word of Mouth，IWOM）或者点评分数。

1. 流量指标——UV，Visit 和 PV

UV（Unique Visitor）：独立用户数量，用来衡量网站访问的人数，用以取代过去常用的“独立 IP”这个度量，在移动互联网时代，每个人有多个 IT 设备，如电脑、手机、智能手表、平板电脑，在过去被看作 4 个访问用户，而 UV 则将其视为同一用户，UV 是酒店企业、分销企业客户数量的基础指标。随着企业网络营销领域竞争的加剧，争夺新用户成本日益提高，这样也就可以解释酒店集团、OTA 网站等对新注册用户给予红包、优惠券等促销活动，其本质是通过补贴提高 UV 数量，补贴的出现也让一些分销机构的销售价格低于直销价格，从而造成顾客流失。由于很多用户在多个平台注册账号，单纯的 UV 难以衡量用户的购买能力，也有的顾客在注册平台领取红包后，并没有重复的购买行为，又推出了 DAU（Daily Activate Units，日活用户）来衡量活跃用户的数量。

Visit：访问次数，同一用户间隔 30 分钟以上的访问行为被定义为另一次 Visit，很明显对酒店或者分销网站而言，Visit 是最重要的指标，意味着顾客产生了潜在的购买需求。

PV（Page View）：页面访问数量，一个页面在浏览器上被载入一次，无论它是被新打开的，还是页面发生了刷新，PV 都会增加。

2. 转化率

转化率（Conversion Rate）：指从流量到实际销售转化的能力，顾客在互联网上的购买行为会分成五个阶段，每个阶段都有流失和转化，网络营销领域将其称为营销漏斗（见图 3–5），在酒店业一般使用访问量 / 销售量作为评价指标。转化率的提高既是技术工作，又包含营销行为，体现了酒店网络营销的水平，以下指标会影响酒店预订网站的转化率。

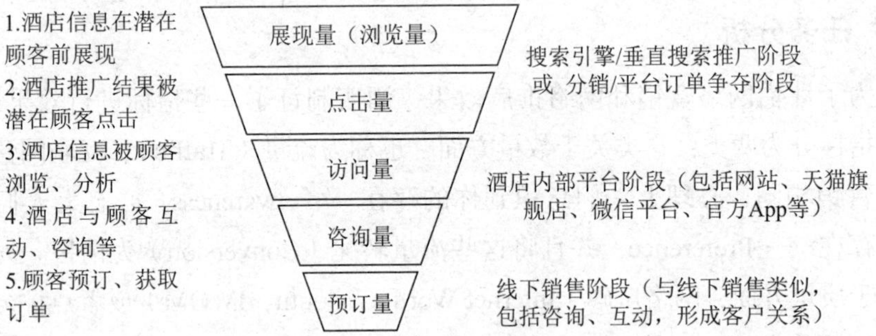

图 3–5　酒店业网络营销漏斗

任务实施

要求：运用互联网，查询酒店网络预订渠道（见表 3–13）。

▲工具：计算机或手机

▲场地：机房或多媒体教室

▲角色：确定目标酒店后，3~4 人为一组，合作寻找预订渠道

表 3–13　酒店预订渠道对比分析

步骤（Steps）	标准（Standards）	提示（Tips）
1. 确定两家目标酒店	● 确定两家目标酒店，查询准确酒店全称、电话号码等信息	一家单体小型酒店，一家连锁高星级酒店
2. 有效分工，查询酒店预订渠道	● 在搜索引擎上搜索两家酒店，对比搜索结果	● 注意搜索关键词的变化和搜索平台的不同

续表

步骤（Steps）	标准（Standards）	提示（Tips）
3. 根据不同的搜索结果填写表格	● 认真分析和对比不同酒店的搜索结果	● 应重点关注：直销渠道在搜索结果的排名情况；重点分销企业在搜索结果的排名情况
4. 对比分析	● 对比不同酒店的搜索结果的差异 ● 分析产生不同结果的原因	● 对结果和原因的差异进行综合比较分析
5. 形成决策	● 形成综合报告	● 注重决策的针对性和有效性

拓展知识

对酒店和 OTA 企业，Visit 是最重要的指标，意味着顾客需求的数量，PV 数据与酒店产品的丰富程度（如酒店客房类型多，顾客需要多次切换选择才能决定）、操作程序等有关。为了提高企业的流量，可以采取以下方法：

（1）投放广告：包括线下广告、网络广告、搜索引擎广告、点击广告等。

（2）补贴：对新用户、新订单给予补贴。

（3）转发有奖：如微信、微博转发，点赞可以享受折扣，获取代金券等。

（4）事件营销：通过热点事件等方式获取流量，如蹭热点。

（5）短视频：在抖音、快手、西瓜等平台上用视频吸引访问量。

（6）与 OTA 合作：通过与 OTA、平台合作，提高在网络上的曝光量。

（7）搜索引擎优化：通过 SEO 提高在搜索引擎中的排名，吸引更多用户访问。

（8）社交媒体：设立官方社交媒体，定期更新优惠、促销、产品等信息。

（9）朋友推荐：即口碑营销，通过提高顾客满意度并鼓励顾客分享，获取推荐流量。

具体操作方面，酒店可采取以下方法提高转化率：

（1）良好的网络平台：包括良好兼容性（各种平台均可访问，电脑、各种型号和分辨率的手机、浏览器、App 等）、良好的网站速度、优美的图片、流畅的操作体验、安全而便捷的支付渠道等。

（2）合理的价格：酒店应遵循价格一致性原则，即多个平台价格一致，当酒店期望提高直销渠道比例时，应坚持“直销渠道价格最优”原则，避免分销价格低于直销渠道，导致客户流失。

（3）良好的点评分数和点评质量：在满分为 5 分的情况下，点评分数低于 4 分将意味着顾客的流失，同时经典点评、有效点评应占较高比例。

（4）美观的图片：酒店网站图片美观、数量丰富，对于传统酒店企业，一般避免选择亮度过高的图片，选择黄昏或夜间图片效果更好，因为根据历史数据，顾客下单高峰时间为下午 4 点至 8 点，使用黄昏或夜间图片能够有效促进顾客购买欲。对于民宿、主题酒店类产品，顾客非常关注“颜值”，使用白天的图片更容易突出青山绿水、风景秀丽的特点，更容易吸引顾客。

（5）美观的视频：在互联网发展的早期，由于网速的限制，企业网站无法使用视频技术，随着网速的提高，尤其是 2016 年网络直播技术发展以来，引入直播、短视频等提高产品推广效果成为可能。企业需要注意酒店住宿产品与零售业不同，运营者需要平衡直播、短视频平台短期流量高、持续性差的特点，将直播爆发式流量与酒店产品持续推广之间的关系，可以通过售卖住宿券、餐饮券等方式实现流量平衡。

（6）社交媒体与推荐分享：相比于泛泛的广告，许多消费者更信任朋友、社交达人的推荐，43% 的消费者表示他们更可能信任网络达人的推荐，而不是品牌广告或宣传；37% 的消费者认为社交达人入住过的和推荐的酒店比广告代言名人推荐的酒店更值得信赖。对酒店企业可以做好三点：一是设置特色景观、产品，营造“打卡点”；二是做好日常服务，提升顾客满意度并鼓励分享；三是酒店也应通过技术提升分享的效率，如在官方网站、微信公众号中增加“一键分享”功能。

模拟实训

通过搜索引擎获取酒店直销与分销渠道的搜索排名，可以对酒店开展网络营销、流量导入、流量转换等操作进行对比，了解酒店网络营销的开展情况。

该任务通过搜索引擎寻找目标酒店信息和网络预订渠道，通过对比搜索引擎排名、网站功能、页面美观程度等指标，可以很直观地看出酒店在网络营销方面的专业化程度。

请不同年龄段的用户开展测试，通过互联网获取酒店预订渠道，通过对比最终确定预订的渠道属于分销还是直销，影响因素主要有哪些？

任务考核

一、单选题

1. 以下酒店预订渠道中，属于互联网渠道的是（　）。

A. 电话预订　B. 传真预订　C. 前台预订　D. 微信预订

2. 随着科技的发展和用户习惯的变化，大多数酒店企业发展最快的预订方式是（　）。

A. 电话预订　B. 传真预订　C. 信函预订　D. 互联网预订

3. 以下不属于 OTA 的渠道是（　）。

A. 携程　B. 美团

C. Booking　D. 天猫自营旗舰店

4. 以下预订中，不需要支付佣金的是（　）。

A. 携程　B. 美团

C. Booking　D. 酒店自营微信公众号

5. OTA 是（　）的缩写。

A. Online Travel Agent　B. Over Travel Agent

C. Online Trip Agent　D. Online Talk Agent

二、多选题

1. 下列酒店渠道中，属于直销渠道的是（　）。

A. 官网预订　B. 官方微信公众号预订

C. 电话预订　D. 集团官网预订

2. 互联网营销的优势是（　）。

A. 广泛性　B. 即时性　C. 全时性　D. 无成本性

3. 酒店与 OTA 合作的优势在于（　）。

A. 广泛性　B. 即时性　C. 全时性　D. 无成本性

4. 下列渠道中属于 GDS 预订的是（　）。

A. Sabre　B. Amadeus　C. TravelSky　C. Booking

5. 下列酒店渠道中，属于分销渠道的是（　）。

A. 官网预订　B. 官方微信公众号预订

C. 美团预订　D. Booking 预订

三、判断题

1. 酒店自行开设天猫旗舰店，属于互联网分销。（ ）

2. 酒店自行开设天猫旗舰店，属于互联网直销。（ ）

3. 携程开设天猫旗舰店销售A酒店客房，对A酒店而言，该渠道属于互联网直销。（ ）

4. 携程开设天猫旗舰店销售A酒店客房，对A酒店而言，该渠道属于互联网分销。（ ）

5. 点评网站也是酒店分销的另一种形式。（ ）

参考答案

一、单选题：1. D　2. D　3. D　4. D　5.A

二、多选题：1. ABCD　2. ABC　3. ABC　4. ABC　5. CD

三、判断题：1. ×　2. √　3. ×　4. √　5. √

任务12　酒店新媒体认知

证书技能要求

1. 了解酒店新媒体的基本概念。

2. 掌握酒店新媒体的常见类型。

3. 能够对酒店新媒体有基本认知。

任务概述

酒店在品牌营销、市场推广时，微博、微信、短视频、直播等常见新媒体已经越来越符合新兴消费者的需求，逐渐成为酒店市场营销活动的主要阵地。本任务介绍酒店微博、微信、短视频等常见媒体类型，并通过任务强化酒店新媒体营销的意识和认识。

学习内容

1. 新媒体的概况，私域流量与公域流量。

2. 常见新媒体类型与特点。

3. 酒店企业开展新媒体营销的典型案例。

任务 12-1 酒店微博营销

知识准备

1. 新媒体与流量

新媒体是利用数字技术，通过计算机网络、无线通信网、卫星等渠道以及电脑、手机、数字电视机等终端，向用户提供信息和服务的传播形态。在酒店产业，新媒体营销是运用互联网，尤其是移动互联网技术传播和推广酒店企业品牌、产品等信息，最终实现企业营销的过程。本质上看，新媒体营销只是一种获取流量的手段，并不属于直销或者分销——如果是酒店企业或者酒店集团使用新媒体获取流量，并实现了转换，就属于直销，如果是分销机构使用新媒体获得流量，则归类为分销。

2. 微博营销

微博，在中国特指新浪微博，是指一种基于用户关系的通过关注机制分享简短实时信息的广播式的社交媒体、网络平台。成立于 2009 年，2020 年日活跃用户 2.39 亿，微博可以发布图片、视频、链接等内容，早期微博最多发送 140 字，2016 年解除字数限制。从功能上来看，微博很像广播：人人都可以看到，粉丝相当于锁定频道的听众，与新浪微博功能接近的是美国的 Twitter。

任务引入

每 3~4 名同学分组讨论，选择三个最感兴趣的酒店或酒店集团，查看企业的微博账号并对比功能、影响力、信息量等数据，填写表 3–14。小组讨论并给它们评分，选出你认为运营效果最好的。

表 3–14 酒店（酒店集团）微博营销对比分析

	酒店（酒店集团）A	酒店（酒店集团）B	酒店（酒店集团）C
企业名称			
是否开设微博			
是否微博认证			
是否具备预订功能			
是否具备官网链接			
粉丝数量			
文章总数			
最近文章的发表时间			
你的评分			

任务分析

微博具备很强的传媒属性，可以看作企业信息的官方发布平台，通过访问和对比各大酒店集团的微博平台，对比不同企业运营方法。

微博本质是一种媒体，微博营销是指通过微博平台为酒店、个人等创造价值而执行的一种营销方式，也是指酒店或个人通过微博平台发现并满足用户的各类需求的商业行为方式。微博营销以微博作为营销平台，每一个听众（粉丝）都是潜在的营销对象，酒店利用更新自己的微型博客向网友传播企业信息、产品信息，树立良好的企业形象和产品形象。每天更新内容就可以跟大家交流互动，或者发布大家感兴趣的话题，以此来达到营销的目的。

微博营销方式注重价值的传递、内容的互动、系统的布局、准确的定位，微博的火热发展也使得其营销效果尤为显著。微博适合做简单信息推送，如新闻发布、动态更新、新店开业、优惠活动、粉丝互动等内容，但无法实现预订、支付等功能，一般通过链接到酒店官网实现预订功能。自2012年12月后，新浪微博推出企业服务商平台，为酒店在微博上进行营销提供一定帮助。

微博的广泛使用使酒店业看到了一个新的宣传舞台，微博的特点是“病毒式”传播，速度奇快，接触人群以年轻人居多。酒店恰当的微博内容可以让客户和潜在客户感到亲切，但首先面临的问题就是粉丝的积累。有些酒店进行过微博抽奖活动，效果非常好，对粉丝数量的增加很有帮助。针对如何开展微博抽奖活动，有很多人对酒店提出了建议，如三亚人间天堂鸟巢度假村提出抽奖活动前期，需要通过不同形式的宣传去聚敛人气；有些酒店提出“抽奖活动最好针对粉丝多、影响力大的意见领袖，请他们转发、评论酒店的消费体验，达到酒店产品宣传的目的”。

任务实施

要求：运用互联网，查询酒店微博账号并进行分析（见表 3-15）。

▲工具：计算机或手机

▲场地：机房或多媒体教室

▲角色：确定目标酒店后，3~4 人为一组，合作分析不同酒店在微博平台的营销行为

表 3-15　酒店微博营销状况查询的基本工作流程

步骤（Steps）	标准（Standards）	提示（Tips）
1. 确定 3 家目标酒店	● 确定 3 家目标酒店，查询准确酒店全称、电话号码等信息	● 在单体小型酒店、连锁高星级酒店、连锁中档酒店中选择
2. 有效分工，查询酒店预订渠道	● 在微博上搜索 3 家酒店，对比搜索结果	● 确保选择的酒店有微博账号
3. 根据不同的搜索结果填写表格	● 认真分析和对比不同酒店的搜索结果	● 分别记录各个酒店的不同情况
4. 对比分析	● 对比不同酒店的搜索结果的差异 ● 分析产生不同结果的原因	● 对于不同的酒店微博情况进行综合记录和对比
5. 形成决策	● 形成综合报告	● 注意分析结果的有效性和针对性

拓展知识

随着社交电商的蓬勃发展，传统 PC 电商的成交阵地正在慢慢地向社交电商转移，流量的获取成本变得越来越高，出现了公域流量和私域流量的概念。

私域流量指的是品牌或个人自主拥有的、无须付费的、可反复利用的、能

随时触达用户的流量。如微信公众号、微博、头条号、抖音等社交媒体账号的关注者，这个流量池里聚集的是你的粉丝、客户和潜在客户，当企业发布营销、产品、促销等信息时，粉丝可以马上获取这些信息，既可以促进客户成交，也可以通过粉丝转发形成传播和销售。

与私域流量对应的是公域流量，如淘宝、京东这些大的流量平台，所有的流量都要花成本获取，而且越来越贵，这里的“花钱买”指的是广告推广、排名推广、搜索引擎等。

举例来说，公域流量就像大海，刚开始鱼多，捕鱼的人少，即便我们捕鱼的技术一般，也能有所收获。随着捕鱼的人越来越多，捕到鱼的成本越来越高，鱼的质量却越来越低，于是很多人就开始自建鱼塘养鱼，这样捕鱼的成本低了，也更容易捕到鱼了，还能租出去让别人钓鱼，自建鱼塘就是私域流量。

模拟实训

在微博平台上选择三个你最感兴趣的酒店或酒店集团，查看企业的微博账号，分析它们在微博营销方面的优劣之处。

任务 12-2　微信营销

知识准备

微信（WeChat）是 2011 年年初推出的为智能终端提供即时通信服务的应用程序，逐渐增加朋友圈（2012 年）、公众账号（2013 年）、微信支付（2013 年）、小程序（2017 年）、视频号（2020 年），具备完整的商业功能，成为国内使用量最大的应用程序（10.8 亿）。

酒店微信营销是网络经济时代企业或个人营销模式的一种，是伴随着微信的火热而兴起的一种网络营销方式。与微博相比，微信更像一个平台，营销的核心在于建立企业公众账号并建立粉丝体系，展示酒店微官网、微会员、微推送、微支付、微活动、微商城，可以完成会员管理、订单查询、预订、支付等功能，并通过公众号进行宣传。酒店还可以通过建立粉丝群实现深度互动，实现品牌宣传、促销信息、定向优惠等。

任务引入

每 3~4 名同学分组讨论，选择三个你最感兴趣的酒店或酒店集团，在微信中查询企业的公众账号并对比功能、影响力、信息量等数据，填写表 3–16。小组讨论并给它们评分，选出你认为运营效果最好的。

表 3–16　酒店（酒店集团）微信公众号营销对比

	酒店（酒店集团）A	酒店（酒店集团）B	酒店（酒店集团）C
企业名称			
是否开设微信公众号			
是否微信认证			
是否具备预订功能			
是否具备支付功能			
是否具备会员功能			
近一个月文章总数			
最近文章的发表时间			
你的评分			

任务分析

微信公众号具备很强的传媒属性，可以看作企业信息的官方发布平台，通过访问和对比各大酒店集团的微信公众号，对比不同微信营销运营方法。

任务实施

要求：查询酒店微信公众号并进行分析（见表 3–17）。

▲工具：计算机或手机

▲场地：机房或多媒体教室

▲角色：确定目标酒店后，3~4 人为一组，合作分析不同酒店在微信平台

的营销行为

表 3-17　酒店微信公众号预订渠道查询的基本工作流程

步骤（Steps）	标准（Standards）	提示（Tips）
1. 确定 3 家目标酒店	• 确定 3 家目标酒店，查询准确酒店全称、电话号码等信息	• 在单体小型酒店、连锁高星级酒店、连锁中档酒店中选择
2. 有效分工，查询酒店预订渠道	• 在微信公众账号中搜索 3 家酒店，对比搜索结果	• 注意搜索关键词的变化以及公众号和小程序的区别
3. 根据不同的搜索结果填写表格	• 认真分析和对比不同酒店的搜索结果	• 对酒店的公众号结构、营销等方面的内容进行综合分析
4. 对比分析	• 对比不同酒店的搜索结果的差异 • 分析产生不同结果的原因	• 对不同酒店公众号的各自特点以及相互之间的差异进行综合分析
5. 形成决策	• 形成综合报告	• 注意分析的有效性和针对性

拓展知识

酒店微信营销的主要做法分为如下三步：

营销第一步：建立客群，找到目标客户。酒店注册公众号后，通过开业庆典、节日活动、领取停车券、入住关注公众号等活动持续为公众号导流增加粉丝，主要手段包括有三种。关注有礼：客户首次关注公众号获得奖励，奖励形式可以是优惠券、积分、停车券等。任务卡：酒店发布自定义任务，并通过用户上传截图的方式验证任务，验证通过后即可由系统发放任务奖励。高级群发：可通过短信自定义发送消息，也可以通过微信模板消息推送相关信息。

营销第二步：活动转化，升级付费。客户从各个渠道进入线上后，下一步是让客户完成线上交易，熟悉酒店线上消费流程，将消费习惯从其他渠道转移到自己的微信小程序或公众号，扩建私域流量池。

营销第三步：会员沉淀，客户分群。客户在线上下单产生消费后，只要线下体验达到心理预期，这部分客户有很大比例将成为酒店的会员，并产生二次消费。这时候，酒店要做的就是给客户进行分群，设置客户标签，进行精细化运营。

关于客户分群，酒店通过建立微信群的方式，完成活跃粉丝的筛选、沉淀与互动。并且通过各种不同形式的活动，构建用户画像，对大的用户群进行分流分层，建立更精准的用户群。除此之外，还挖掘了一批活跃粉丝，成为酒店的分销员，分销员通过分销酒店商品赚取积分、余额，酒店也可以借助这一途径进行曝光宣传。

模拟实训

选择三个你最感兴趣的酒店或酒店集团，查看企业的微信公众号，分析他们在微信营销方面的优劣之处。

任务 12-3　短视频与直播营销

知识准备

与微博相似，短视频和直播同样具有媒体属性，本身不实现交易，通过引流到网站、微信公众号、天猫旗舰店等平台实现交易。

1. 短视频营销

短视频即短片视频，是指在各种新媒体平台上播放的、适合在移动状态和短时休闲状态下观看的、高频推送的视频内容，几秒到几分钟不等，且在互联网上传播的时长大多在 5 分钟以内。短视频内容融合了技能分享、幽默搞怪、时尚潮流、社会热点、街头采访、公益教育、广告创意、商业定制等主题。由于内容较短，可以单独成片，也可以成为系列栏目。抖音、秒拍、快手、西瓜视频、微信视频号等是比较典型的短视频平台。

短视频营销是通过提前设计的故事情节与计划在线销售的商品性能紧密结合，可以依托故事情节的情感转化与商品销售推广行为高效对接，减少了以往广告推销式的生硬感，更容易引起消费者共鸣，快速达成交易。短视频的参与门槛非常低，消费者创造内容的水平也参差不齐，为了让消费者产出的内容保持一个较高的水平，酒店应该提前找到一个完整的拍摄线路，并转化为脚本，最终体现在酒店产品设计上，让消费者不用长时间去纠结如何创造内容，而是迅捷生成优质短视频。

2. 直播营销

直播营销是指在现场随着事件的发生、发展进程同时制作和播出节目的营销方式，该营销活动以直播平台为载体，达到企业获得品牌提升或是销量增长的目的，知名直播平台如斗鱼、YY 等。直播营销是一种营销形式上的重要创新，也是非常能体现出互联网视频特色的板块。对于广告主而言，直播营销有着极大的优势，尤其是主题酒店、精品民宿等“高颜值”企业，其产品特点更适合进行直播和短视频，效果更明显。

任务引入

每 3~4 名同学分组讨论，选择三个你最感兴趣的酒店或酒店集团，任选短视频平台查询企业信息，对比功能、影响力、信息量等数据，填写表 3–18。小组讨论并给它们评分，选出你认为运营效果最好的。

表 3–18　酒店（酒店集团）短视频营销对比分析

	酒店（酒店集团）A	酒店（酒店集团）B	酒店（酒店集团）C
企业名称			
是否开设企业账号			
是否具备预订功能			
是否具备支付功能			
是否具备会员功能			
近一个月作品总数			
最近作品发布的时间			
点赞最多的作品类型			
被收藏和关注的次数			

任务分析

总体来看，短视频和直播营销都是快速发展的传媒领域，具备流量爆发力，酒店应抓住机会。短视频和直播带动的流量具有明显的短期效应，企业需要提前筹备充足的货源，如客房兑换券、餐饮兑换券，以提高短视频和直播营销的转化率。

任务实施

要求：运用手机端短视频或直播平台，查询酒店账号并进行分析（见表 3–19）。

▲工具：计算机或手机

▲场地：机房或多媒体教室

▲角色：确定目标酒店后，3~4 人为一组，合作分析不同酒店在短视频平台的营销行为

表 3–19　酒店短视频或直播平台预订渠道查询的基本工作流程

步骤（Steps）	标准（Standards）	提示（Tips）
1. 确定 3 家目标酒店	● 确定 3 家目标酒店，查询准确酒店全称、电话号码等信息	在单体小型酒店、连锁高星级酒店、连锁中档酒店中选择
2. 有效分工，查询酒店预订渠道	● 在短视频、直播平台中搜索 3 家酒店，对比搜索结果	● 注意搜索平台的不同和预订渠道的差异
3. 根据不同的搜索结果填写表格	● 认真分析和对比不同酒店的搜索结果	● 对于不同的直播平台对比维度的统一
4. 对比分析	● 对比不同酒店的搜索结果的差异 ● 分析产生不同结果的原因	● 可以综合对比分析短视频和直播营销的不同点
5. 形成决策	● 形成综合报告	● 注意分析的有效性和针对性

拓展知识

随着短视频、直播营销的兴起，KOL、KOS、KOF、KOC 成为重要的营销新名词。

KOL：Key Opinion Leade，某一职业内有话语权的人。在线上营销中包括以网红大 V 为主的流量明星，李佳琦、papi 酱等，在各类交际媒体具有许多粉丝，成为电商、品牌商争抢的对象。

KOS：Key Opinion Spreader，更多地隐藏在某些领域之中，如朋友圈、社群、贴吧、论坛等。他们一般是某一笔直范畴的达人，虽然粉丝基数不如

KOL，但却有能力引领某个圈层的风潮。比如，假酒店体验者、登山爱好者、民宿体验者等。

KOF：Key Opinion Followers，更像是一个品牌的忠诚粉丝，如一些用户偏爱某一品牌酒店、餐饮等，只要一开新店、一上新菜单就去体验，并种草给他们的好朋友。

KOC：Key Opinion Consumer，存在于我们身边，热衷于共享各类好物的集体，他们不局限在某一产品或范畴。相较于商业化较高的 KOL，KOC 展现出的营销性较弱，更简略影响同类集体的消费决议计划。

以上提及的四类集体并没有显着的界限，许多时候会有重合之处，并且可以后期转化。例如，KOC、KOF 看似和一般用户更接近，但只要有了大量粉丝，也有转化为 KOL 的机会。

模拟实训

选择三个你最感兴趣的酒店或酒店集团，查看企业在短视频平台、直播平台的建设情况，包括视频、直播的数量、质量等，分析他们在短视频营销和直播营销方面的优劣之处。

任务考核

一、单选题

1. 以微博、微信为代表的的社会化营销，其核心在于（　）。

A. 良好的内容

B. 精美的图片

C. 满足客户好奇心

D. 引起客户共鸣

2. 下列内容，适合在酒店微博账号发布的是（　）。

A. 酒店内部工作流程

B. 酒店领导工作信息

C. 酒店本月促销门店

D. 酒店最新招聘信息

3. 下列平台中不属于短视频平台的是（ ）。

A. 抖音 B. 快手 C. 微信视频号 D. 优酷

4. 2019 年起，短视频快速发展的原因中，错误的是（ ）。

A. 人口快速增长 B. 互联网的普及

C. 5G 时代的到来 D. 娱乐方式的变化

5. 短视频的主要传播平台是（ ）。

A. 电视 B. 手机 App C. 电影院 D. 广播

二、多选题

1. 一条短视频能够上热门，需要注意以下哪些要点（ ）。

A. 作品一定不能违规 B. 一定是原创视频

C. 封面清晰、制作精良 D. 加入平台热点话题和热门音乐

2. 下列方法中有助于增加直播观看量（ ）。

A. 通知老客户和老买家预热 B. 把直播预告、二维码分享给潜在客户

C. 直接开始直播等候新顾客 D. 提前报名参与平台优惠活动

3. 下列内容，酒店微信公众号可以实现的功能是（ ）。

A. 客房预订 B. 餐饮预订

C. 在线支付 D. 积分查询

4. 微信公众号推广的手段有（ ）。

A. 优惠券 B. 抢红包

C. 有奖问答 D. 在线满意度调查

5. 以下可以提高微博用户阅读体验的做法是（ ）。

A. 对微博进行配图 B. 为微博进行内容规划

C. 给微博加入音频 D. 及时回复评论

三、判断题

1. 某知名电影明星带家人入住酒店度假，该信息对酒店营销很有好处，应该把入住过程做成短视频发布。（ ）

2. 某知名电影明星参加酒店集团品牌发布仪式，该信息对酒店营销很有好处，应该把入住过程做成短视频发布。（ ）

3. 微博很像一个平台，可以直接在线预订、支付酒店客房。（ ）

4. 微信公众号很像一个平台，可以直接在线预订、支付酒店客房。（ ）

5. 微信营销的核心在于建立企业公众账号并建立粉丝体系，展示酒店微官网、微会员、微推送、微支付、微活动、微商城，可以完成会员管理、订单查询、预订、支付等功能，并通过公众号进行宣传。（　）

参考答案

一、单选题：1. D　2. C　3. D　4. A　5. B

二、多选题：1. ABCD　2. ABCD　3. ABD　4. ABCD　5. ABCD

三、判断题：1. ×　2. √　3. ×　4. √　5. √

模块四

安全管理

安全管理是酒店经营的重要保障，前厅部是安全管理的关键部门，包括信息安全和公共场所安全。掌握前厅部信息和公共场所的安全问题类型，能够协助相关部门完成前厅部信息和公共场所的安全管理工作。

任务 13　前厅信息安全认知

证书技能要求

1. 了解前厅信息安全的基本类型。
2. 掌握前厅信息安全相关法律法规。
3. 能够确保酒店和客户的信息安全。

任务概述

通过学习，掌握前厅信息安全的基本类型，同时需要掌握前厅信息安全相关法律法规，这是酒店前厅信息安全的保障，能够协助相关部门完成前厅部信息安全的管理工作。

学习内容

1. 数据安全分类。
2. 密码安全管控。
3. 恶意软件防范。

任务 13-1　数据安全分类

知识准备

2018 年 8 月 28 日，一张“黑客在黑市出售 ×× 酒店集团客户数据”的截图在各大社交平台流传开来。该黑客声称，8 月 14 日已获取 ×× 集团旗下所有酒店的住客数据，包括官网用户注册数据 1.23 亿条、旅客入住登记的身份信息 1.3 亿条以及详细开房记录约 2.4 亿条，并以 8 个比特币（约 5.6 万美元）或 520 门罗币的价格出售。

据有关网络安全监控平台及有关人士分析称，此次事件大概率属实。据相关报道，多位行业人士认为数据泄露并非黑客技术手段高明，而疑似与“内鬼”主动泄露信息有关。约 20 天前，有人在开源社区 Github 上主动上传了雅高酒店中国网站的数据库配置文件，而 ×× 则是雅高在中国区重要的战略合作伙伴。

相关专业人员认为，从有关截图来看，×× 酒店集团选择了公有云服务系统进行数据存储与处理，且数据库 IP 为公网 IP、用户为 Root、密码为 123456 等操作，着实在安全性上存在不小的潜在隐患。

网络安全事件对各行业都是很好的警醒，特别是在用户隐私泄露、网络中断、系统故障等方面让我们清醒地意识到，潜在的安全事件随时都可能威胁企业的业务系统的安全。

任务引入

酒店员工在酒店工作期间，涉及以下信息（顾客信息、酒店信息、业主信息等），这些信息属于何种类别（公开信息、机密信息、保密信息）？

任务分析

在信息安全和数据安全领域，信息分级管理体系是企业的基本做法。

1. 公开信息（Public Information）

免费提供给公众的信息，对社会、企业以及顾客不会造成不良的影响，如酒店宣传材料、服务手册、网站上公布的信息、酒店地址、电话号码、客房数量、营业面积、经营特色等，这些信息不需要进行特别的控制。公开信息需要规范的发布流程，不确定级别的信息不是公开信息。通俗地说，任何人都可以看，可以传播。

2. 机密信息（Confidential Information）

这是企业内部信息的默认级别，即所有企业、客户信息，如果没有特殊发布和公开，默认处于机密级别。既包括经营过程中的数据、报表、清单，也包括邮件、记录等，这些文件应标记为“机密的”（Confidential）。通俗地说，酒店员工都可以看，但不可以传播。

3. 保密信息（Restricted Information）

任何与法律、法规及合同有关的，或者会对社会、酒店造成重大损害的信息。比如，包含了个人资料、姓名、地址、身份证号码、信用卡详细资料等的客户信息以及酒店采购合同、销售合同等。通俗地说，除相关人员外都不可以看，更不可以传播。

这些信息的访问是受限制的，只有相关人员在工作中“需要知道”时才可以访问。保密信息应仅在中央服务器存储，而不在笔记本电脑、移动硬盘或者邮件中存储。在完成电子文档、打印等操作后，该文件必须被销毁。

以上信息分级机制是针对酒店企业的，除此之外，酒店有些数据和信息超出了企业范畴，事关国家安全和社会安全。根据《中华人民共和国数据安全法》《中华人民共和国网络安全法》，还需要注意“保障网络安全，维护网络空间主权和国家安全、社会公共利益，保护公民、法人和其他组织的合法权益，促进经济社会信息化健康发展”。比如，某国家领导人入住酒店，某重要领域、产业研讨会、评审会的会议资料等信息。《刑法》规定，违反国家有关规定，向他人出售或者提供公民个人信息，情节严重的，处三年以下有期徒刑或者拘役，并处或者单处罚金；情节特别严重的，处三年以上七年以下有期徒刑，并处罚金。

任务实施

要求：按照酒店或酒店集团的信息分类要求，对各种信息进行分析和分级（见表 4–1）。

▲工具：前厅部某信息（可能是文件、流程、制度、数据、报表等）

▲场地：模拟前厅

▲角色：3~4 个同学为一组进行分组讨论，分别扮演酒店前厅部员工、经理

表 4–1　信息分析和分级的基本工作流程

步骤（Steps）	标准（Standards）	提示（Tips）
1. 获取信息文件	● 对文件标题、安全分级、内容进行分析	● 根据信息分级体系准确地对信息进行分析
2. 根据信息分级标识确定安全级别	● 根据文件的信息分级标识确定安全级别 ● 对文件没有标注级别的，默认为机密级别	● 确定公开发布的（如新闻、报纸公开的，或者酒店各部门正式发布的），才可以认定为公开
3. 根据信息内容对分级进行复核	● 根据信息内容判断分级是否恰当 ● 如果有明显差异，应报请相关部门审定	● 所有涉及顾客信息的，均为保密级别
4. 确认级别并执行分类管理制度	● 根据酒店信息安全制度执行保密措施	● 确定执行的人员和措施

拓展知识

为了维护信息安全，酒店可以从以下角度推进工作：

（1）强化顾客隐私保护意识，构建制度框架。首先应推进信息分级体系，涉及顾客信息方面的信息列为保密信息，接触顾客信息岗位员工应签署保密协议，如各部门经理、主管、IT 部、前台接待、宾客关系主管等。加强对个人隐私相关法律法规的宣传和培训，强化员工信息安全和隐私保护的意识。

（2）将隐私保护内容融入工作流程。如前台避免大声说出客人房号、房价，以免产生投诉或存在安全隐患。客人的证件及信用卡需及时归还客人，以免遗失或被不法分子盗用。问讯服务中需注意，不能随便透露在住客人的房

号、房价或其私人资料。电话服务时需注意，未征得住客同意时，不要转接来电至客人房间，尤其是登记保密的房间，有咨询一律告知“查无此人”。住客外出时，在未取得住客同意前，不要随意进入客人房间，避免泄露客户商业机密或资料。对于访客要进客人房间，最好让来访客人自己联系住客，前台不能轻意泄露住客资料。

（3）如有客人要找酒店领导，让客人自己联系各领导，如遇特殊情况前台可联系各秘书 / 文员代为传达，不要随便透露各领导的电话号码或办公区域。

（4）如有人来询问酒店某业主的资料，并自称是其亲属，前台不可随意告知业主联系方式等资料，特殊情况请其至物业服务中心去咨询。

（5）员工不得私自向外传播酒店事故信息或做评论，尤其是对媒体。

（6）在重要顾客入住期间，如各国政要、重要明星等，制订有效的预案，强化对顾客隐私的保护。

模拟实训

酒店前台接待过程中，会接触到许多顾客信息，包括姓名、年龄、喜好、支付方式等，这些信息属于何种安全级别？为保护信息安全，在日常工作中应注重哪些内容？

任务 13-2　密码安全管控

知识准备

密码是登录各种系统的钥匙，在酒店有许多密码，如 PMS 系统、发票系统、房卡系统、治安管理信息系统等，也有个人银行卡、电子邮件、手机等，保证密码安全等同于信息安全。

密码安全基本原则：密码安全等同于信息安全和财产安全，从功能上看，密码很像牙刷。即不要与任何人分享密码；经常更换密码。

任务引入

写出你曾经使用过、但现在已经废弃的 3 个密码，评估它们的信息安全级别。

任务分析

密码设置的方法：

（1）不要使用生日、电话号码和字典中的单词。

（2）长密码效果比短密码好。

（3）大写字母与小写字母混合效果好。

（4）在密码中增加数字。

（5）在密码中增加特殊字符。

密码设置的方法示例如表 4-2 所示。

表 4-2　密码设置的方法示例

生成原理	密码	安全级别	原因分析
初始密码	password	非常低	用字典中的词语生成密码非常容易被破解
大小写结合	Password	低	大小写结合，提高安全程度
字母数字相结合	Pa55w0rd	中等	将 s 和 o 更换为 5 和 0，实现字母数字相结合
加入特殊符号	Pa（100-45）word	高	加入特殊符号，安全性进一步提高
结合个人信息	Pa（100-B）word	很高	密码使用者生日为 4 月 5 日，将 55 替换为 100-B（B 代表生日 45）

任务实施

要求：按照密码安全级别评估方法，对各种密码安全程度进行分析和分级（见表 4-3）。

▲工具：某软件系统

▲场地：模拟前厅

▲角色：3~4 个同学为一组进行分组讨论，分别扮演酒店前厅部员工、经理

表 4-3 密码使用与管理安全分析和分级

步骤（Steps）	标准（Standards）	提示（Tips）
1. 写出 3 个过去使用过的密码	• 小组成员每人写出 3 个	• 注意密码的结构 • 可以提前设置提示
2. 根据密码分级策略对密码安全级别进行评定	• 应用所学知识分析密码安全级别	• 注意归纳分析密码安全注意要点
3. 写出计划修改的密码	• 小组成员每人写出 1 个	• 注意不要重复
4. 根据密码分级策略对新密码安全级别进行评定	• 运用所学知识分析新密码的安全级别	• 比较新密码与旧密码的不同

拓展知识

密码安全需要遵循如下几个简单的要求：对于不同的网络系统使用不同的密码，对于重要的系统使用更为安全的密码；绝对不要所有系统使用同一个密码；对于那些偶尔登录的论坛，可以设置简单的密码；对于重要的信息、电子邮件、网上银行之类，必须设置复杂的密码；永远也不要把论坛、电子邮箱和银行账户设置成同一个密码。可将自己的常用密码进行分类：弱密码、中密码、强密码。

1. 弱密码

最容易记忆的，且默认是可以丢失的密码。各类中小网站、论坛、社区、个人网站等使用。

原因：这些网站的安全性可能都不太好，有些只是将密码 MD5 一下存储，有些可能还会明文存储密码。黑客很容易从这些网站盗窃用户的密码。

2. 中密码

中等强度密码，8 个字符以上，有一定抗穷举能力的。中等密码主要在国内门户网站、大型网站、门户微博、社交网站等使用，但不要在主要邮箱里使用。门户网站最好绑定手机号码。

原因：大网站的安全性较好，通常被破解的可能性比较低，在大网站使用的密码强度可以稍强。

其中有一个例外是腾讯邮箱，腾讯邮箱支持邮箱的单独密码，设置好了以后，用户需要输入 QQ 密码和邮箱密码两个之后才能使用。所有游戏账号使用单独的密码。

3. 强密码

强密码要求至少 8 个字符以上，不包含用户名、真实姓名或公司名称，不包含完整的单词，包含字母、数字、特殊符号在内。强密码主要用于邮箱、网银、支付系统等。

这类网站是最核心、最重要的网站，网银涉及用户的财产安全，邮箱则可以重置用户所有注册过的网站密码，因此这类网站一定要用强密码，保证其绝对安全性。

密码穷举对于简单的长度较少的密码非常有效，但是如果网络用户把密码设得较长一些而且没有明显规律特征（如用一些特殊字符和数字字母组合），那么穷举破解工具的破解过程就变得非常困难，破解者往往会对长时间的穷举失去耐性。通常认为，密码长度应该大于 8 位，密码中最好包含字母数字和符号，不要使用纯数字的密码，不要使用常用英文单词的组合，不要使用自己的姓名做密码，不要使用生日做密码。

模拟实训

分小组讨论日常生活中的各种密码，指出在密码管理时有哪些做法不符合密码安全管理规定，带来了安全隐患？

任务 13-3　恶意软件防范

知识准备

（1）计算机病毒（Computer Virus）指编制或者在计算机程序中插入的破坏计算机功能或者破坏数据而影响计算机正常使用并且能够自我复制的一组计算机指令。

（2）恶意软件（流氓软件）是一个信息领域的专业术语，是指在未明确提示用户或未经用户许可的情况下，在用户计算机或其他终端上安装运行，侵害用户合法权益的软件，但不包含法律法规规定的计算机病毒。

任务引入

（1）在同学、同事中进行调研，在我们计算机上最常见的恶意软件是什么？每人列举出不少于 3 个。

（2）尝试使用各种方法，删除恶意软件。

任务分析

完成本任务的关键在于要充分理解恶意软件的特点，在此基础上，可以解决酒店计算机恶意软件的问题。

（1）强制安装：指在未明确提示用户或未经用户许可的情况下，在用户计算机或其他终端上强行或者隐藏安装软件的行为，安装时不能结束它的进程，不能选择它的安装路径，带有大量色情广告甚至电脑病毒。

（2）难以卸载：指未提供通用的卸载方式，或在不受其他软件影响、人为破坏的情况下，卸载后仍活动或残存程序的行为。

（3）浏览器劫持：指未经用户许可，修改用户浏览器或其他相关设置，迫使用户访问特定网站或导致用户无法正常上网的行为。这一特性对于使用浏览器的酒店前厅管理系统影响更明显，如 Opera 经常因恶意软件的安装而无法使用。

（4）广告弹出：指未明确提示用户或未经用户许可的情况下，利用安装在用户计算机或其他终端上的软件弹出广告的行为。

（5）恶意收集用户信息：指未明确提示用户或未经用户许可，恶意收集用户信息的行为。

（6）恶意卸载：指未明确提示用户、未经用户许可或误导、欺骗用户卸载非恶意软件的行为。

（7）恶意捆绑：指在软件中捆绑已被认定为恶意软件的行为。

（8）恶意安装：未经许可的情况下，强制在用户电脑里安装其他非附带的独立软件。

任务实施

要求：解决酒店计算机的恶意软件问题（见表 4–4）。

▲工具：计算机、笔记本电脑

▲场地：模拟前厅

▲角色：3~4 个同学为一组进行分组讨论和操作，分别扮演酒店前厅部员工、IT 部员工

表 4–4　尝试解决恶意软件不良影响的基本工作流程

步骤（Steps）	标准（Standards）	提示（Tips）
1. 在小组成员中调研，找到被恶意软件影响最大的一台计算机	• 运用所学知识分析计算机被恶意软件影响的程度	• 可以参考相关的电脑保护文件对计算机影响程度进行分析
2. 查询并写出恶意软件的名称	• 应用所学知识分析密码安全级别	• 注意使用百度等搜索引擎，了解恶意软件和病毒防护的相关信息
3. 尝试使用杀毒软件、防火墙的工具，消除恶意软件的影响	• 运用正版的杀毒软件、防火墙等工具，按照正确的操作程序进行操作	• 注意对计算机原有系统、文件的保护
4. 测试维修后的计算机	• 测试经维修后的计算机的性能，包括速度、便利性等	• 注意对恶意软件被处理的彻底性进行检测，防止恶意软件的反弹

拓展知识

1. 正确理解恶意软件

（1）恶意软件不一定要“偷走”东西（如用户文件、账号、密码、资金等），而是“送你”很多垃圾，如强制安装软件、强制访问网站等。

（2）恶意软件天天都在产生。

（3）安装杀毒软件只能降低感染概率，并不能杜绝恶意软件，但我们依然要安装杀毒软件，并保证最新的病毒库。

（4）防火墙是为了阻止意想不到的网络流量进入。

（5）软件供应商发布的补丁，应该及时安装和更新。

2. 养成良好的电脑、手机使用习惯

（1）不要省掉安全控制，不安全的速度毫无意义。

（2）禁止在酒店办公电脑上安装和使用非工作软件，包括游戏。

（3）培养安全的使用电子邮件和浏览网页的习惯。

（4）遇到任何可疑问题，请与经理或 IT 部门反馈。

模拟实训

1. 使用 360 安全助手或电脑管家等系统，对系统安全性进行评估。

2. 某台计算机受到恶意软件攻击，经常弹出非法广告，尝试解决这一问题。

任务考核

一、单选题

1. 酒店员工应提高自身信息安全及风险防范意识，积极参与信息安全培训。发现信息安全问题要及时向（　）报告。

A.IT 部　　B. 保安部　　C. 工程部　　D. 财务部

2. 以下信息中，属于公共信息的是（　）。

A. 酒店顾客刘先生的客房号码　　B. 酒店总机电话号码

C. 酒店顾客马先生的电话号码　　D. 酒店前台接待岗位职责

3. 以下信息中，不属于公共信息的是（　）。

A. 客房价格　　B. 酒店价格体系

C. 餐厅营业时间　　D. 餐饮优惠信息

4. 对于酒店员工，以下哪些习惯是错误的？（　）

A. 尽可能不使用自己账号，而向其他同事借来使用

B. 不将密码借给他人使用，每次下班或者离开岗位时退出系统

C. 获得初始密码后，马上修改密码

D. 使用不易被别人猜到的密码，并定期修改

5. 下列密码中，安全性最强的是（　）。

A. Taobao888　　B. M1u3_OperA　　C. 123456　　D. abc123

二、多选题

1. 以下哪些情况意味着电脑中病毒或安装垃圾软件了。（　）

A. 无法正常开机

B. 计算机运行速度明显变慢

C. 自动打开非正常网页和广告

D. 文件无故丢失、无法打开

2. 下列哪些行为容易导致计算机中病毒或安装垃圾软件。（　）

A. 在办公电脑上使用 U 盘

B. 浏览公司主页

C. 将自己的笔记本接入酒店网络

D. 私自下载网络游戏安装

3. 下列哪些手段可以提高计算机安全属性。（　）

A. 正确安装杀毒软件并及时更新

B. 不访问不能确定安全性的网站

C. 不在办公计算机上使用 U 盘

D. 删除杀毒软件来提高计算机运行速度

4. 用户必须妥善保管自己的密码，不能将个人密码共享给他人，密码长度需要 8 位或以上，并包含（　），需要具备一定的复杂度。

A. 字母　　B. 数字　　C. 特殊字符　　D. 中文

5. 以下哪些信息属于保密信息。（　）

A. 某体育明星刘先生的客房号码

B. 某体育明星入住酒店的消息

C. 某体育明星入住酒店，这一信息已经通过新闻报道发布

D. 某体育明星入住酒店，前厅接待员小李与该明星的合影照片

三、判断题

1. 酒店员工可以在未经授权的情况下安装个人破解版软件或者盗版的软件。（　）

2. 不小心安装了恶意软件后，可以通过删除安装文件来恢复。（　）

3. 工作中用到的一些软件，如 Word、Photoshop 等，可以自己在网上下载安装，方便快捷且便宜。（　）

4. 酒店某顾客素质很差，在大堂辱骂酒店员工，应该把他的姓名、照片等信息发到网上进行曝光。（　）

5. 酒店某次对客服务非常优质，体现了酒店的文化与服务水准。对该案例进行宣传前，需要对顾客信息进行脱敏处理，避免顾客信息泄露。（　）

参考答案

一、单选题：1. B　2. B　3. B　4. A　5. B

二、多选题：1. BCD　2. AD　3. ABC　4. ABC　5. AB

三、判断题：1. ×　2. √　3. ×　4. ×　5. √

任务14　公共场所安全管理

证书技能要求

1. 了解前厅部公共场所的安全知识。

2. 掌握前厅部公共场所的安全问题类型。

3. 能够协助相关部门完成对前厅部公共场所的安全管理工作。

任务概述

前厅运营管理过程中，要时刻树立公共安全意识，通过科学规范的服务操作与现场管理，保证为宾客提供安全的入住环境，实现前厅安全管理的基本要求。

学习内容

1. 前厅部公共场所的相关概念。

2. 前厅部公共场所的安全问题类型。

3. 前厅环境场所安全管理任务与要求。

知识准备

1. 公共场所

是供公众从事社会生活的各种场所，是供公众进行工作、学习、社交、娱乐、休息、旅游和满足部分生活需要所使用的一切公共建筑物、场所及其设施的总称。

2. 安全管理

狭义的概念指酒店经营所涉及的治安消防等各方面的安全流程和防范措施。广义的概念指酒店经营过程中涉及的治安消防安全、劳动安全以及酒店内部运作中发生的各种事故的处理。

任务引入

1. 酒店消防安全案例

2002 年 7 月 13 日，在北京某大酒店发生“7・13”火灾。当天两名学生入住北京某大酒店 1022 室。当日 22 时 40 分许，由于住在 1020 房间的两名学生在房间内划玩火柴后离开而引发火灾，酒店没能及时救助，致使 1022 室房间的两名学生窒息死亡。家属认为两个学生的死亡是由 1020 室学生玩火引发火灾造成的。同时，酒店应具有完善的防火条件和设施并有义务提供安全的住宿条件，在出现火灾后，更应及时采取救护措施，避免损害发生。然而，酒店并没有完善的火灾报警设施，火灾发生后没能及时报警，也没有将住店宾客紧急疏散并采取及时有效的救助措施，最终导致两名学生被困房内窒息死亡。

2. 前厅治安安全案例

一天傍晚，北京某酒店服务总台的电话铃响了，服务员小姐马上接听，对方自称是住店的一位美籍华人的朋友，要求查询这位美籍华人。小姚迅速查阅了住房登记中的有关资料，向他报了几个姓名，对方确认其中一位就是他找的人，小姚未加思索，就把这位美籍华人的所住房间的号码 818 告诉了他。过了一会儿，酒店总报务台又接到一个电话，打电话者自称是 818 房的“美籍华人”，说他有一位谢姓侄子要来看他，此时他正在谈一笔生意，不能马上回来，请服务员把他房间的钥匙交给其侄子，让他在房间等候。接电话的小姚满口答应。又过了一会儿，一位西装笔挺的男青年来到服务台前，自称小谢，要取钥匙。小姚见了，以为果然不错，就毫无顾虑地把 818 房钥匙交给了那个男青年。

晚上，当那位真正的美籍华人回房时，发现一只高级密码箱不见了，其中包括一份护照、几千美元和若干首饰。

以上即是由一个犯罪青年分别扮演“美籍华人的朋友”“美籍华人”和

“美籍华人的侄子”而演出的一出诈骗酒店的丑剧。几天后，当这位神秘的男青年又出现在另一家酒店用同样的手法搞诈骗活动时，被具有高度警惕性、严格按酒店规章制度、服务规程办事的总台服务员和总台保安员识破，当场被抓获。

任务分析

根据第一个案例，我们可以发现酒店中的一些安全问题。对于旅客来说，酒店所要保证的服务最为重要的一项就是保证住客的人身财产安全。一间无法提供住客安全的酒店是无法生存的。而在案例中的北京某大酒店所发生的事故反映了酒店的防火措施存在着极大的安全漏洞。尽管酒店无法控制住店宾客的行为，但如果做好了安全预防措施，是能够有效地将事故控制在最小影响范围的。酒店前厅部应该采取以下措施确保客人的安全。

（1）酒店应当在房间内安装烟感预警设备。当烟的浓度到达一定程度时，烟感设备能够及时地进行预警，将房间的情况反馈到酒店的安保部门。那么安保部门就可以立即了解并处理突发状况，将事故控制在最小范围内。

（2）房间内应当张贴防火、禁烟标志，提醒住店旅客注意防火。

（3）酒店应当安装自动报警系统，建立消防监控中心，如有突发状况可以及时通知消防、民警等，大大地缩短了在紧急情况下解决事故的时间。

（4）酒店应当对工作人员进行应急培训，按期对酒店内可能出现的各种灾害进行演练，使员工在事故发生时能够冷静应对。

（5）酒店需要保证消防逃生通道的畅通，并张贴明显醒目的标志，让住客在事故发生时可以迅速逃生。

（6）培养员工的警惕性与消防意识，发现问题能及时查看、及时汇报。对于烟感报警等异常情况的房间，服务员应立即查看，紧急时可不必遵循敲门规范。检查结果应及时通知监控中心和服务中心。

冒名顶替是不法分子在宾馆犯罪作案的惯用伎俩。相比之下，第二个案例中的这位犯罪青年的诈骗手法实在很不高明。总台服务员只要提高警惕，严格按规章制度办事，罪犯的骗局完全是可以防范的。

按酒店通常规定，为了保障入住客人的安全，其住处对外应严格保密，即使是了解其姓名等情况的朋友、熟人，要打听其入住房号，总台服务员也应谢绝。变通的办法可为来访或来电者拨通客人房间的电话，由客人与来访或来电者直接通话；如客人不在，可让来访者留条或留言，由总台负责转送或转达给客人，这样既遵守了酒店的规章制度，保护了客人的安全，又实现了客人与其朋友、熟人的联系。第二个案例中打电话者连朋友的姓名都叫不出，令人生疑，总台服务员更应谢绝要求。

“美籍华人”电话要求总台让其“侄子”领了钥匙进房等候，这个要求也是完全不能接受的。因为按酒店规定，任何人只有凭住宿证方能领取钥匙入房。凭一个来路不明的电话“委托”，如何证明来访者的合法性？总台服务员仅根据一个电话便轻易答应别人的“委托”，明显地违反了服务规程，是很不应该的。总台若能把好这第二关，犯罪者的诈骗阴谋是完全可以制止的。

任务实施

要求：根据案例和知识素材，在教师引导下组织学习小组，通过课堂学习交流讨论知识准备内容，归纳总结前厅公共场所安全管理的工作任务及要求（见表 4–5）。

▲工具：笔、前台交接班记录本、电话机、登记卡、房卡（钥匙）、高级密码箱

▲场地：模拟前台、模拟客房

▲角色：以小组形式开展模拟实训模拟，1 人扮演前台服务员小姚，1 人扮演骗子（饰三角），1 人扮演真正的客人美籍华人

表 4–5　前厅公共场所安全管理的基本工作流程

步骤（Steps）	标准（Standards）	提示（Tips）
1. 获取访客信息	● 通过对话了解顾客信息	● 注意是否为住店客人
2. 了解访客需求	● 根据所学知识，判断访客信息的真实性	● 需要提前确认访客的全部需求
3. 确认客人情况，确定访客信息反馈方法	● 根据客人在酒店的情况，反馈访客信息	● 注意信息安全和顾客隐私保护
4. 总结前厅公共场所安全管理的基本工作任务和要求	● 确认工作任务和安全	● 明晰前厅公共场所安全管理的工作任务和要求

拓展知识

1. 前厅常见的违反治安行为

（1）扰乱公共秩序。前厅服务现场容易发生的扰乱公共秩序的行为有扰乱前厅营业秩序、侮辱妇女、结伙斗殴等。

（2）侵犯公私财物。侵犯公私财物是指以非法占有为目的，偷窃、骗取、抢夺公私财物和故意损坏公私财物的行为。

2. 前厅常见的犯罪行为

（1）危害公共安全的行为。危害公共安全的行为是指故意或过失实施危害多数人的人身和公私财产安全的行为，主要有放火、爆炸、投毒等。

（2）侵犯财产的行为。侵犯财产的行为是指以非法占有为目的，攫取公私财物，或者故意、非法毁坏公私财物的行为。

3. 常用灭火器材的种类

（1）干粉灭火器。干粉灭火器主要用于各种油料燃烧、电器燃烧等火灾的扑救。干粉不导电，可以用于扑灭带电设备引起的火灾。

（2）泡沫灭火器的使用方法。泡沫灭火器主要用来扑灭可燃液体和可燃固体的初起火灾。

（3）二氧化碳灭火器的使用方法。二氧化碳灭火器主要用于扑救电气设备引起的火灾及食油、汽油、油漆等引起的火灾。

（4）1211 灭火器。1211 灭火器是一种新型高效、安全的灭火器材。它的绝缘性能好，灭火时不污损物品，灭火后不留痕迹，毒性低、腐蚀性小，并有灭火效果好、速度快和仓储不变质的优点。

4. 前厅卫生工作管理制度

（1）经营场所的卫生条件、卫生设施及用品用具符合《旅店业卫生标准》（GB 9663—1996）的要求。

（2）有健全的卫生管理制度和卫生管理组织，配备专兼职卫生管理人员，建立健全各种公共场所相关档案。从业人员有“五病”（痢疾、伤寒、病毒性肝炎、活动性肺结核、化脓性或渗出性皮肤病）必须调离岗位。

（3）店容、店貌和周围环境整洁、美观，地面无果皮、痰迹和垃圾。

（4）从业人员持有效“健康证明”和“卫生知识培训合格证明”。

（5）设有空调装置的必须有新风供给，新风入口应设在室外，远离污染源，空调器过滤材料应定期清洗或更换。

（6）二次供水水质符合《生活饮用水卫生标准》，其蓄水池有卫生防护措施，蓄水池内壁涂料应符合卫生要求，做到定期进行清洗和消毒。

（7）卫生间有有效的通风装置。

（8）有专用布草间和专用杂物间，布草间内设有带门专用布草柜，布草分类存放。各类布草应分类存放在密闭保管柜内，干净布草与脏布草不能混放，供顾客使用的布草应平整、无污渍、无异味。

（9）被套、枕套（巾）、床单等卧具一客一换，长住旅客床上卧具一周一换，平时见脏即换。

（10）公共用具设有专用洗消间和洗消设施，并有明显标志。公用杯具、毛巾、浴盆、脸盆、拖鞋每客用后必须严格按照程序进行洗消，并做到一客一换。

（11）公用茶具应每日清洗消毒。清洁的茶具必须表面光洁，无油渍、无水渍、无异味，符合国家有关要求。

（12）客房内卫生间的洗漱池、浴盆和抽水恭桶应每日清洗消毒并应符合国家有关要求。

（13）无卫生间的客房，每个床位应配备有不同标记的脸盆、脚盆各一个。脸盆、脚盆和拖鞋应做到一客一换，并有标识。

（14）酒店公共卫生间应该每日清扫、消毒。有防蝇、蚊、蟑螂和防鼠害的设施，并经常检查设施使用情况，发现问题及时改进。

（15）客房内供客人用的各类食品、化妆品、消毒产品符合有关法律法规的规定。

模拟实训

学生分组进行角色扮演，模拟前厅可能出现的各种安全问题情形，其他学生进行观察并进行互动点评，教师全程指导，最后总结前厅公共场所安全管理的问题类型。

任务考核

一、单选题

1. 酒店安全管理特点不包括（　）。

A. 两级管理　　B. 定时轮岗

C. 多设岗位　　D. 根据特点设岗

2. 酒店安全管理对象不包括（　）。

A. 出租车司机　　B. 酒店客人　　C. 酒店员工　　D. 酒店内财物

3. 不属于酒店安全管理的特点是（　）。

A. 管理幅度大　　B. 管理难度高

C. 政策性强　　D. 信息网络安全

4. 酒店安全管理的依法性是因为（　）。

A. 酒店在日常管理中存在安全隐患

B. 酒店安全管理具有很强的政策性和法律性

C. 酒店是一个综合服务行业

D. 酒店安全管理集中性、专业性、全员性于一身

5. 酒店安全管理的第一项内容就是（　）。

A. 健全安全防范管理制度，严格实行安全保卫岗位责任制

B. 做好日常接待服务中的安全管理，预防事故发生

C. 开展安全和法制教育，组织安全业务培训，提高员工的安全意识

D. 确保酒店的重点与要害部位的安全，妥善处理安全事故

二、多选题

1. 酒店安全管理的主要内容，包括（　）。

A. 成立酒店安全管理委员会　　B. 制订酒店安全工作计划

C. 开展安全工作学习培训　　D. 安装与管理酒店的安全系统设备

2. 酒店安全管理的特点包括（　）。

A. 涉及的范围广

B. 安全管理工作复杂

C. 安全管理体现服务特性、处理安全问题具有强制性

D. 安全工作全员参与、不可避免安全事故的突发性

3. 前厅常见的违反治安行为包括（　　）。

A. 扰乱公共秩序　　B. 与其他人打架

C. 侵犯公私财务　　D. 辱骂酒店员工

4. 前厅常见的犯罪行为包括（　　）。

A. 损坏酒店设施　　B. 危害公共安全的行为

C. 对客人产生骚扰　　D. 侵犯财产的安全

5. 常用灭火器材的种类包括（　　）。

A. 干粉灭火器　　B. 泡沫灭火器

C. 二氧化碳灭火器　　D.1211 灭火器

三、判断题

1. 前厅常见的违反治安行为分为扰乱公共秩序和侵犯公私财物。（　　）

2. 危害公共安全的行为是指故意或过失实施危害多数人的人身和公私财产安全的行为，主要有放火、爆炸、投毒等。（　　）

3. 泡沫灭火器主要用于扑救电气设备引起的火灾及食油、汽油、油漆等引起的火灾。（　　）

4. 干粉灭火器主要用于各种油料燃烧、电器燃烧等火灾的扑救。干粉不导电，可以用于扑灭带电设备引起的火灾。（　　）

5. 酒店公共卫生间应该每日清扫、消毒。有防蝇、蚊、蟑螂和防鼠害的设施，并经常检查设施使用情况，发现问题及时改进。（　　）

参考答案

一、单选题：1. C　2. A　3. D　4. B　5. C

二、多选题：1. ABCD　2. ABCD　3. AC　4. BD　5. ABCD

三、判断题：1. √　2. √　3. ×　4. √　5. √

模块五

客户关系管理

客户关系管理是酒店为提高核心竞争力，通过各种手段提升管理方式，吸引新客户、保留老客户以及将已有客户转为忠实客户的过程。在这一模块，要学习客户资料建立以及客户意见征询这两个方面的客户关系管理内容。

任务15　客户资料建立

证书技能要求

1. 了解客户资料的基本类型。
2. 掌握客户资料的收集方法。
3. 能够完成客户资料录入和建档工作。

任务概述

客户资料建立是客户关系管理的一个重要内容，是酒店进行良好客户关系管理的基础，酒店员工应了解客户资料的基本类型、掌握完成客户资料的录入和建档工作的方法。

学习内容

1. 客户资料建立的意义。

2. 客户资料的基本类型。

3. 客户资料的收集方法。

4. 客户资料的管理方法。

知识准备

1. 客户资料建立的意义

建立客户资料有利于酒店提供个性化服务，增加人情味；有利于酒店做好针对性的促销工作，争取回头客，培养忠诚顾客；有利于提高酒店经营决策的科学性，提高其经营管理水平；有利于提高酒店工作效率。

2. 客户资料的基本类型

（1）常规资料：包括顾客姓名、国籍、电话号码、单位名称、年龄、出生日期、婚姻状况、性别、职务、同行人数等。

（2）消费特征资料：包括客房种类、房价、餐费，顾客在商品、娱乐等其他项目上的消费，顾客的信用卡账号，顾客对服务设施的要求、喜好等。

（3）预订资料：包括预订方式、介绍人以及订房的季节、月份、日期和订房的类型等。

（4）个性资料：包括顾客的脾气、性格、爱好、兴趣、生活习俗、宗教信仰、生活禁忌、特殊要求等。

（5）反馈意见资料：包括顾客对酒店的表扬、批评、建议和投诉记录等。

3. 客户资料的收集方法

（1）总台通过预订单、办理入住登记、退房结账等收集有关信息。

（2）大堂副理每天拜访顾客，了解并记录顾客的服务需求和对酒店的评价，接受并处理顾客投诉。

（3）客房、餐饮、康乐、营销等服务部门的全体员工主动与顾客交流，对顾客反映的意见、建议和特殊需求认真记录，并及时反馈。

（4）酒店有关部门及时收集顾客在报刊、电台、电视台、微博、短视频等媒体上发表的有关酒店服务与管理、声誉与形象等方面的评价。

4. 客户资料的管理方法

（1）分类管理：将客户资料按照不同类别分开管理，如按国别和地区分为国外客户、国内客户的资料；按信誉程度分为信誉良好的客户、信誉较好的客户、黑名单客户等。

（2）有效运行：对于保存的客户资料，应有效运用于工作任务中。比如，顾客是重新订房的，可以直接调用以往客户资料；顾客是首次订房的，则将其常规资料、特殊要求录入电脑；顾客是未经预订的常客，那么可以调出客户资料，为其提供个性化服务；顾客是未经预订第一次住店的，则应将有关信息录入电脑，对其他部门有服务要求的，及时将信息传达到位。

（3）定期清理：每年应对客户资料进行系统性的清理，一般每年保持 1~2 次的清理频率，更改老旧的无效的资料信息，添加新增的有效信息。

任务引入

小刘是北京一家五星级酒店的宾客关系主管，一天，小刘接到预订部的通知，常客高先生将于次日下午入住酒店。小刘对高先生不熟悉，如何接待好这位重要的客人呢？于是小刘通过酒店的管理软件系统进入宾客档案库，输入高先生的姓名，计算机上立即显示出高先生的详细资料，资料中包括高先生的照片扫描图像、个人身份信息、在酒店的消费记录、消费爱好、起居习惯、表扬及意见等。小刘详细地阅读了高先生的资料，发现高先生总喜欢住酒店顶楼的外景行政套房、叫醒服务的时间基本定在早上 7 点钟、每次入住后都会让服务员送冰块到房间。小刘把这些信息进行了分类并记在了心里。随后，小刘来到总台查询了次日的房态，请总台将高先生经常入住的外景行政套房锁房（即总台将房间状态由可出租房更改为已预订房，将房间为某特定的客人保留，不再销售给其他客人），并向客房部发出接待通知单。第二天，小刘提前到总台打印出高先生的入住登记表，并到客房检查了接待准备情况。下午 5 点，高先生抵达酒店。小刘热情地迎接高先生，并直接将其引领到预留的房间。途中，小刘问高先生："高先生，您有三个月没到北京了吧？酒店的同事们都在期待您的光临！""我确实三个月没来北京了。咦，你是怎么知道的？"高先生觉得很惊奇。"因为所有的同事们都很想念您，所以特别关注。"小刘回答。"我们仍然为您安排您最喜欢的那间外景行政套房，您看可以吗？"小刘继续问。"很好！很好！我很喜欢那间房间！”高先生一听很高兴，连连点头。到了房间，小刘接着为高先生介绍：“客房服务员为您准备了冰块，放在小酒吧的冰桶内。我通知总机明天早上 7 点钟为您提供叫醒服务，您看可以吗？”“看来你们对我真是很了解啊！”高先生很满意。“这都是我们应该做的！请您确认入住信息并在登记表上签字。这是我的电话号码，如果您有什么需要，请随时吩咐我。”“你们的服务工作做得特别细致！我就喜欢住你们酒店，到这儿就真的像到家一样。”高先生由衷地赞赏酒店的优质服务。

任务分析

此案例是一个典型的通过有效运行客户资料，让不熟悉客户的员工顺利全面掌握客户资料，为客户提供个性化服务，提高客户满意度和忠诚度的事例。

案例中，该酒店拥有比较完善的客户资料管理体系，为客户建立客户资料库，将客户资料分类储存、管理。正是因为这些完善的客户资料，员工才能投客户所好、拉近与客户之间的关系、让客户满意，从而提升客户的忠诚度。

任务实施

要求：能掌握客户资料收集和建档的工作方法（见表 5–1）。

▲工具：预备纸、笔、电脑等

▲场地：模拟前厅

▲角色：四个同学为一组模拟客户资料收集和建档情景，1 人扮演大堂副理，1 人扮演前台接待员，1 人扮演客房部楼层服务员，1 人扮演客户

表 5–1　建立客户资料的基本工作流程

步骤（Steps）	标准（Standards）	提示（Tips）
1. 客户资料收集	● 通过不同途径收集客户资料并录入	● 注意客户资料的完整性，尽量全面，不遗漏
2. 客户资料分类	● 将收集到的客户资料按照不同类型分类存储	● 注意不要混淆客户资料类型
3. 客户资料运行	● 根据不同情况运行相关客户资料，以便为客人提供更加便捷、个性化的服务	● 特别关注个性化资料
4. 客户资料更新	● 及时清理过时资料、补充最新资料	● 注意客户资料的时效性

拓展知识

（1）客户资料的建立必须得到酒店管理人员的重视和支持，而且要纳入有关部门和人员的岗位职责中，使之经常化、制度化、规范化。

（2）酒店应积极运行客户资料，发挥其作用。比如，一张客户资料卡填满之后，必须建立一份新的卡片，应将新旧卡片装订在一起。酒店应使用不同颜色的卡片来制作客户资料卡，但必须与酒店所使用的客房预订卡和客房状况卡条色彩所表示的含义保持一致。在调用所需卡片时，应将其后一张卡片直立，或者做个记号，以确保在放回时能迅速找到准确的位置，这样做既节省时间，又不会放错位置。清理出的“死卡”，必须使用碎纸机进行销毁处理。

模拟实训

1. 请阐述客户资料建立的意义。

2. 请复习掌握客户资料的基本类型。

3. 请掌握客户资料的收集方法和管理方法。

任务考核

一、单选题

1. 酒店（　）通过预订单、办理入住登记、退房结账等收集有关信息。

A. 预订部　　B. 客房部　　C. 总台　　D. 总机

2. 顾客对酒店的表扬、批评、建议和投诉记录等属于（　）客户资料。

A. 常规资料　　B. 消费特征资料

C. 个性资料　　D. 反馈意见资料

3. 顾客的信用卡账号属于（　）客户资料。

A. 常规资料　　B. 消费特征资料

C. 个性资料　　D. 反馈意见资料

4. 顾客的宗教信仰、生活禁忌属于（　）客户资料。

A. 常规资料　　B. 消费特征资料

C. 个性资料　　D. 反馈意见资料

5. 顾客的国籍、职务和同行人数属于（　）客户资料。

A. 常规资料　　B. 消费特征资料

C. 个性资料　　D. 反馈意见资料

二、多选题

1. 客户资料建立的意义包括（　）。

A. 有利于酒店提供个性化服务，增加人情味

B. 有利于酒店做好针对性的促销工作，争取回头客，培养忠诚顾客

C. 有利于提高酒店经营决策的科学性，提高其经营管理水平

D. 有利于提高酒店工作效率

2. 客户资料的基本类型有（　）。

A. 常规资料　　B. 消费特征资料

C. 预订资料　　D. 个性资料

E. 反馈意见资料

3. 预订资料包括（　）。

A. 预订方式　　B. 介绍人　　C. 订房日期　　D. 订房的房型

4. 反馈意见资料包括（　）。

A. 表扬　　B. 批评　　C. 意见和建议　　D. 投诉

5. 消费特征资料包括（　）。

A. 房价　　B. 餐费

C. 投诉　　D. 对服务设施的喜好

三、判断题

1. 大堂副理接受并处理顾客投诉也是收集客户资料的一种方式。（　）

2. 客户资料的建立必须得到酒店管理人员的重视和支持，而且要纳入有关部门和人员的岗位职责中，使之经常化、制度化、规范化。（　）

3. 客户资料需要定期清理、及时更新。（　）

4. 酒店要及时收集顾客在媒体上发表的对酒店的各方面评价。（　）

5. 客户资料建立是前厅部的事情。（　）

参考答案

一、单选题：1. C　2. D　3. B　4. C　5. A

二、多选题：1. ABCD　2. ABCDE　3. ABCD　4. ABCD　5. ABD

三、判断题：1. √　2. √　3. √　4. √　5. ×

任务16　客户意见征询

证书技能要求

1. 了解客户意见的基本类型。

2. 掌握客户意见的征询方法。

3. 能够完成客户意见征询工作。

任务概述

客户意见征询是酒店客户关系管理的重要内容之一，员工要了解客户意见的基本类型，掌握客户意见的征询方法，能够完成客户意见征询工作。

学习内容

1. 客户意见的基本类型。

2. 客户意见的征询方法。

知识准备

1. 客户意见的基本类型

（1）根据酒店产品分，客户意见可分为对软件的评价和对硬件的评价。

（2）根据酒店部门分，客户意见可分为对各部门的评价以及对酒店的总体评价。

（3）根据客户满意度分，客户意见可分为非常满意、满意、基本满意、不满意和非常不满意。

2. 客户意见的征询方法

客户意见调查表、电话拜访、现场访问、小组座谈、神秘客户、员工意见反馈、现场巡视、经营数据分析、专业资料参考。

任务引入

表 5-2　酒店客户意见反馈表

尊敬的客户： 您好！ 我们诚意邀请您为我们酒店进行评价并提供意见，您的宝贵意见将给予我们莫大的帮助，非常感谢！ 第 1 部分　您对客房服务的印象及意见 1. 您对总台接待人员的服务态度印象如何？ □很好，服务非常热情，有宾至如归的感觉 □较好，基本满意，比同级别酒店略好 □一般，没什么特别感觉 □较差，我很不满意 2. 您对客房服务人员的服务质量印象如何？ □很好，随叫随到，服务非常热情 □较好，服务比较周到热情 □一般，没什么特别感觉 □较差，服务员没什么服务意识 3. 您对客房员工的仪容仪表印象如何？ □很好，着装统一，仪容庄重大方 □较好，基本满意，比同级别宾馆略好 □一般，没有注意 □较差，和同级别酒店还有很大差距 4. 请您对客房卫生质量打分（1 为最低分，5 为最高分）： □1 分　□2 分　□3 分　□4 分　□5 分

第 2 部分　您对餐饮服务的印象及意见

1. 您对餐厅吧台接待人员的服务态度印象如何？

□很好，服务非常热情亲切

□较好，基本满意，比同级别宾馆略好

□一般，没什么特别感觉

□较差，我很不满意

2. 您对餐厅服务人员的服务态度印象如何？

□很好，随叫随到，服务非常热情，有宾至如归的感觉

□较好，服务比较周到热情

□一般，没什么特别感觉

□较差，服务员没什么服务意识

3. 请您对餐厅菜品的质量打分（1 为最低分，5 为最高分）：

色　□1 分　□2 分　□3 分　□4 分　□5 分

香　□1 分　□2 分　□3 分　□4 分　□5 分

味　□1 分　□2 分　□3 分　□4 分　□5 分

4. 您对餐厅员工的仪容仪表印象如何？

□很好，着装统一，仪容庄重大方

□较好，基本满意，比同级别宾馆略好

□一般，没有注意

□较差，和同级酒店还有很大差距

5. 请您对餐厅卫生质量打分（1 为最低分，5 为最高分）：

□1 分　□2 分　□3 分　□4 分　□5 分

第 3 部分　请您对宾馆的服务做出总体评价：

项目（请在相应的下面打"√"）	很满意	较满意	基本满意	不满意	意见和建议
宾馆环境					
硬件设施					
服务质量					
卫生质量					

续表

项目（请在相应的下面打“√”）	很满意	较满意	基本满意	不满意	意见和建议
态度礼仪					
房间价位					

1. 请您填写对客房部的意见及建议：

____

____

____

2. 请您填写对餐饮部的意见及建议：

____

____

____

3. 与同级别酒店 / 宾馆相比，我们宾馆还有哪些不足？您的建议是：

____

____

____

客户签名：______________

年　　月　　日

任务分析

酒店客户意见反馈表是酒店客户意见征询的常用方法，表 5–2 展现的就是一张比较详细的客户意见反馈表。

这种方法的好处在于：首先，信息的提供完全由顾客自愿进行，是对顾客打扰最少的一种收集方式。其次，信息收集的范围广泛，几乎所有的客人皆可容易地取到此表。再次，信息可以由顾客在没有任何酒店员工在场的情况下提供，客观性比较强。最后，放置于客房内的意见收集表往往列明了整个酒店主要的服务项目，获取的信息量比较大。

而这种方法的缺陷则在于：第一，顾客对此种方式太过司空见惯，习以为常，再加之某些酒店对于顾客意见的消极态度，大大降低了顾客提供意见的热情。第二，信息获取的深度不够。由于顾客大多只能在收集表上画几个勾或叉，往往很难进一步了解顾客的感受与想法。第三，对于部分信息尤其是涉及服务过程（如态度）的信息，由于顾客往往没有直接给出具体的服务人员姓名或由于服务行为已成“过去时”，故而核实的难度比较大。第四，收集信息的准确性及收集的频率易受顾客情绪的影响，如顾客倾向于在特别不满或特别满意时才填写意见收集表。

任务实施

要求：运用电话拜访的方式，完成客户意见征询工作（见表 5-3）。

▲工具：预备笔、电话、笔记本等

▲场地：模拟前厅

▲角色：两个同学为一组模拟电话拜访客户情景，进行客户意见征询，1人扮演大堂副理，1人扮演客户

表 5-3　客户意见征询的基本工作流程

步骤（Steps）	标准（Standards）	提示（Tips）
1. 问候与招呼	● 主动问候宾客	● 热情、主动，同时注意电话礼仪
2. 道明来意	● 解释电话拜访来意（某一活动） ● 顺便进行客户意见征询	● 须结合某一活动来进行，效果更佳
3. 意见征询	● 根据事先设计好的问题来咨询 ● 不要轻易打断宾客讲话 ● 专心聆听，做好记录	● 事先设计好问题以便流畅进行意见征询
4. 表示感谢	● 感谢宾客的积极配合	● 诚挚感谢
5. 及时反馈	● 将征询到的客户意见反馈到管理层及相关部门	● 务必及时反馈

拓展知识

客户意见征询的方法主要有：

（1）客户意见调查表。客户意见调查表是被酒店广泛采用的一种获得信息

的方式。其具体做法是将设计好具体问题的意见征求表格放置于客房内或其他营业场所易于被客人取到的地方，由客人自行填写并投入酒店设置的意见收集箱内或交至大堂副理处。

（2）电话拜访。电话拜访可以单独使用，也可以结合销售电话同时使用，或因为要了解或澄清一项特别的事情而使用。有些电话拜访是根据设计好的问题而进行的，有些电话拜访的自由度与随意性比较大。

（3）现场访问。现场访问又称为突击访问，其做法是抓住与顾客会面的短暂机会尽可能多地获取顾客的意见、看法。现场访问是酒店业获得客户意见的一种最重要的征询方法。

（4）小组座谈。小组座谈的征询方法是指酒店邀请一定数量的有代表性的顾客，采用一种聚会的形式就有关酒店产品或顾客需求方面的问题进行意见征询、探讨与座谈。酒店利用小组座谈的方式征求客户意见时，一般宜结合其他公关活动同时进行，如酒店贵宾俱乐部会员的定期聚会、节日聚餐等形式，而不宜搞得过于严肃。参与聚会的店方人员应尽可能与被邀请的顾客相互熟悉，同时不要忘记向被邀请的顾客赠送礼物或纪念品。

（5）神秘客户。神秘客户法是酒店获取顾客满意情况信息的另一种重要方法。具体做法是由酒店出资邀请酒店业的专业人士或资深顾客以普通顾客的身份来酒店进行消费，并就酒店产品中存在的问题以专题报告的形式向店方反馈。

（6）员工意见反馈。酒店一线的服务人员是与顾客接触最多、对顾客的需求及满意情况最为了解的人，员工当中往往有许多的信息、想法与建议，如果能够通过科学的渠道加以收集、反馈，那么其效果将是十分显著的。员工意见可通过总经理信箱、法定反馈、案例提供、小组座谈、个别访谈、问卷调查等形式和方法反馈。

（7）现场巡视。现场巡视法是指酒店领导、部门经理及专门负责质量工作的人员通过例行的工作巡视，采用现场观察的方式来获得有关信息的方法。

（8）经营数据分析。顾客的消费情况是顾客需求倾向与好恶的一个重要反映。因此，在日常工作中重视各种经营数据的收集与分析，对于正确把握顾客的需求、期望大有帮助。

（9）专业资料参考。许多业内的专业杂志、书籍均时常载有关于顾客需求情况的调查报告、论文、心得等性质的文章，这些信息对于补充酒店自有的信息来源会有所帮助。

模拟实训

1. 熟悉客户意见的基本类型。

2. 掌握客户意见的征询方法。

任务考核

一、单选题

1. 酒店业获得客户意见的一种最重要的征询方法是（ ）。

A. 客户意见调查表　B. 电话拜访

C. 现场访问　D. 员工意见反馈

2. 酒店利用小组座谈的方式征求客户意见时，一般宜结合（ ）同时进行。

A. 其他公关活动　B. 现场巡视

C. 媒体活动　D. 专业资料

3. 酒店出资邀请酒店业的专业人士或资深顾客以普通顾客的身份来酒店进行消费，并就酒店产品中存在的问题以专题报告的形式向店方反馈，这些人被称为（ ）。

A. 间谍　B. 神秘客户　C. 暗访者　D. 调研者

4. 酒店客户意见征询方法中对顾客打扰最少的一种方式是（ ）。

A. 客户意见调查表　B. 电话拜访

C. 现场访问　D. 现场巡视

5. 客户意见根据酒店部门分，可以分为对各部门评价以及（ ）。

A. 对部门人员的评价　B. 对服务的评价

C. 对设施的评价　D. 对酒店的总体评价

二、多选题

1. 员工意见可通过（ ）、法定反馈、（ ）、小组座谈、（ ）、（ ）等形式和方法反馈。

A. 总经理信箱　B. 案例提供　C. 个别访谈　D. 问卷调查

2. 根据客户满意度分，客户意见可分为（ ）。

A. 非常满意　B. 满意　C. 基本满意　D. 不满意

E. 非常不满意

3. 客户意见的征询方法除了客户意见调查表、现场访问、神秘客户、现场巡视、专业资料参考外，还有（　）。

A. 电话拜访　　B. 小组座谈

C. 经营数据分析　　D. 员工意见反馈

4. 客户意见调查表这种征询方法的优势在于（　）。

A. 对顾客打扰少　　B. 表格易取得

C. 客观性较强　　D. 信息量较大

5. 客户意见调查表这种征询方法的不足在于（　）。

A. 顾客没有填写热情　　B. 信息获取深度不够

C. 对服务的意见部分核实难度较大　　D. 易受顾客情绪影响

三、判断题

1. 客户意见调查表这种客户意见征询方法应用最广泛，因为它没有缺陷。（　）

2. 许多业内的专业杂志、书籍均时常载有关于顾客需求情况的调查报告、论文、心得等性质的文章，这些信息对于补充酒店自有的信息来源会有所帮助。（　）

3. 在日常工作中收集和分析各种经营数据，对于正确把握顾客的需求、期望没有什么用。（　）

4. 电话拜访就是随意的，没有计划性。（　）

5. 突击访问是酒店业获得客户意见的一种最重要的征询方法。（　）

参考答案

一、单选题：1. C　2. A　3. B　4. A　5. D

二、多选题：1. ABCD　2. ABCDE　3. ABCD　4. ABCD　5. ABCD

三、判断题：1. ×　2. √　3. ×　4. ×　5. √

模块六

文案管理

酒店每天都要制作反映酒店经营管理状况的各类表格，这些报表不仅反映酒店的经营管理情况，也是酒店各部门之间进行信息沟通的有效形式，更是管理者进行管理决策的重要依据。

任务17　常用表格填写

证书技能要求

1. 了解前厅部常用表格类型。
2. 掌握常用表格填写的方法。
3. 能够按照常用表格填写的规范要求，完成文案编制工作。

任务概述

通过对酒店不同类型表格的梳理和学习，在了解前厅部表格不同类型的基础上，掌握不同表格的正确填写方法和规范要求，完成各种接待表格的填写工作。

学习内容

1. 前厅部常用表格的类型。

2. 常用表格的填写方法。

3. 常用表格填写的规范。

知识准备

前厅部每日在接待客人时，需要填写各种类型的表格，规范正确地填写表格，不仅可以清晰明了地得出经营的数据，同时可以起到留存客史资料的作用。因此，正确规范地填写表格是非常重要的一项工作。

一、前厅部常用表格的类型

（1）前台接待类常用表格：杂项收费单、变更通知单、贷方冲减、押金收据、支出传票、免费房 / 内部自用房预订单、临时入住登记表、付款授权等。

（2）礼宾接待类常用表格：礼宾部服务记录表、物品存放 / 领取表、礼宾部租 / 借物品登记表、物品寄存登记表等。

（3）商务中心和总机服务类表格：总机叫醒服务登记表、免打扰记录单、商务中心每日收入控制表等。

二、表格填写的方法及规范

第一，表格填写要注意整体的美观性。

第二，表头所填写内容应居中（也是为了保证美观性）。

第三，表格都应该是电子版填写然后打印，手写无效（签字一栏除外）。

第四，不能修改表格属性，单元格不够大时，应优先选择调整字体大小或调小字间距。

第五，相应签字地方应该由相应单位负责人签字后才能生效。

第六，表格的表头非常重要，一般情况下表头出问题都会返表。

前厅部常用表格样表如表 6–1 至表 6–6 所示。

1. 前台接待常用表格

表 6-1　押金数据

房间号码　　　　　　　　　　日期
ROOM NO.　　　　　　　　　　DATE

兹收到　　　　　先生 / 女士 RECEIVED FORM____________Mr./Mrs./Miss.____________ 现金 / 支票 / 其他 CASH/CHEQUE/OTHERS ￥____________ RMB（大写）____________ Please do not lose this deposit receipt，and present this to the Front Office Agent upon settlement 请勿遗失此押金收据，在结账时请交回前台接待员。

表 6-2　临时住宿登记表

姓 Last Name	名 First Name	中文姓名 Chinese Name
性别 Sex	出生日期 Date of Birth	国籍 Nationality
证件种类 Type of Certificate	证件号码 Certificate NO.	签证种类 Type of Visa
有效期 Valid Visa	入境日期 Entry Date	在华停留期 Valid Date
到店日期 Arrival Date	离店日期 Departure Date	房号 Room No.
接待单位 Received by		
永久地址 Permanent Address		

续表

<table>
<tr><td colspan="3">付款方式
Method of Payment
现金 Cash （订金金额 Amount of Deposit）
信用卡 Credit Card 公司付账 Company's Account
旅行社凭单 T/A Voucher 其他 Others</td></tr>
<tr><td>公司名称
Company Name</td><td>房类
Room Type</td><td>房价
Room Rate</td></tr>
<tr><td>特殊要求
Special Request</td><td rowspan="2">职员签字
Clerk Signature</td><td rowspan="2">宾客签字
Guest Signature</td></tr>
<tr><td>备注
Remarks 酒店建议宾客，"一切贵重物品请放置在酒店的保险箱内，否则酒店对个人所有物品的遗失，概不负责。"
Guests are advised to place all valuables in a hotel's safety deposit box facilities available free of charge located with Front Desk Cashier.
The management will not be responsible for any loss.</td></tr>
</table>

2. 礼宾部常用表格

表 6-3 旅客物品寄存登记簿 3

<table>
<tr><td rowspan="2">姓名</td><td rowspan="2">居民身份证号或单位、住址</td><td>房间号</td><td colspan="3">寄 存 物 品</td><td rowspan="2">寄存牌号</td><td>寄存时间</td><td rowspan="2">领取人签字</td></tr>
<tr><td>床位号</td><td>名称</td><td>数量</td><td>包内无现金签字</td><td>取出时间</td></tr>
<tr><td></td><td></td><td></td><td></td><td></td><td></td><td></td><td></td><td></td></tr>
<tr><td></td><td></td><td></td><td></td><td></td><td></td><td></td><td></td><td></td></tr>
</table>

表 6-4 行李寄存单

No.

姓名

Name

日期

Date

描述

Description

房间号码

Room No.

客人签名

Guest Signature

服务员署名

Concierge Signature

日期 时间

Date Time

表 6-5 物品存放 / 领取表格

存放日期	房号	存放人姓名	联系方式	物品名称	领取人姓名	联系方式	职员签字	领取日期	证件号码	领取人签字	职员签字	备注

3. 商务中心与总机常用表格

表 6-6 免打扰记录单

日 期： DATE：						
房间号码 ROOM NO.	客人姓名 GUEST NAME	开始时间 STARTING TIME	结束时间 FINISH TIME	事由 REASONS	经办人 HANDLED BY	取消人 CANCELLED BY

任务引入

请同学们分组进行外宾入住时临时住宿登记表的填写。

任务分析

完成本任务的关键在于通过模拟演练，初步掌握散客入住接待的表格内容填写，保证填写的准确性和规范性。

任务实施

要求：按照散客接待的流程和规范，完成散客入住接待表格的填写（见表 6-7）。

▲工具：计算机、酒店前厅接待系统、打印机

▲场地：模拟前台

▲角色：分组进行模拟训练，1 人扮演前台接待员，2~3 名同学扮演散客

表 6-7 散客入住登记表填写的基本工作流程

步骤（Steps）	标准（Standards）	提示（Tips）
1. 接待准备	• 调整好计算机软件系统 • 打开散客临时住宿登记页面	• 注意接待散客入住的礼貌礼节和客房推销的技巧

续表

步骤（Steps）	标准（Standards）	提示（Tips）
2. 办理入住，填写散客临时住宿登记表	• 根据客人的护照信息填写客人的基础信息 • 根据客人选择的房间类型，填写用房信息 • 详细填写特殊要求 • 接待员和宾客核对信息，无误后打印，双方签字	• 注意查看护照证件及签证的有效期 • 检查确认信息的签名是否和证件信息一致
3. 将信息录入系统	• 整理表格信息，录入到酒店接待系统中 • 上传宾客入住信息至公安系统	• 将宾客信息保存到系统中，建立客史档案 • 上传公安系统，确保境外人员入住 24 小时内上传成功

拓展知识

境外人员临时住宿登记表填写注意事项：

（1）外国人必须有英文名字，中国人必须有中文名字。英文名字不得填缩写（在照片页）。

（2）国籍在有照片的那一页，不要把国籍填成永久地址，台湾要写成中国台湾，香港、澳门亦如此。

（3）填写护照时，证件号码处要填写护照号码（照片页）。

（4）准确填写入境日期、入境地点、签证号码、签发机关。

（5）如客人持“中国护照”，登记时，停留有效期则写护照有效期，将客人现定居地（外国）填入永久地址。

（6）谨记“先登记，后住宿”的原则，严格执行，有不清楚的及时问主管或出入境管理支队，一旦发现有签证过期的，提示客人先去续签。

模拟实训

分组模拟接待外宾散客入住接待，规范填写临时住宿登记表。

任务考核

一、单选题

1. 酒店经营管理状况的各类表格不仅能够反映酒店的经营管理情况，也是酒店各部门之间进行（　）的有效形式。

A. 相互竞争　B. 情感交流　C. 业务交流　D. 信息沟通

2. 规范正确地填写表格，不仅可以清晰明了地得出经营的数据，同时可以起到（　）客史资料的作用。

A. 留存　B. 保护　C. 登记　D. 完善

3. 表头所填内容应该（　）对齐。

A. 靠左　B. 靠右　C. 居中　D. 两边

4. 表格的表头非常重要，一般情况下表头出问题都会（　）。

A. 扣钱　B. 返表　C. 销毁　D. 涂改

5. 付款授权属于前厅部（　）岗位常用的表格。

A. 礼宾　B. 销售　C. 前台　D. 商务中心

二、多选题

1. 前厅部接待表格中属于商务中心和总机服务类的有（　）。

A. 押金单　B. 叫醒服务登记表

C. 免打扰记录单　D. 杂项收费单

2. 前台接待类常用表格有（　）。

A. 物品存放 / 领取表　B. 变更通知单

C. 贷方冲减　D. 押金收据

3. 礼宾部租 / 借物品登记表中所填项目包含（　）。

A. 房号 / 部门　B. 租借时间　C. 归还时间　D. 押金情况

4. 国家法律规定，中外宾客入住酒店登记表中必须包括（　）等。

A. 国籍　B. 姓名

C. 护照和证件号码　D. 入境时间

5. 客人的押金单据的金额必须包括（　）。

A. 大写金额　B. 小写金额　C. 客人签字　D. 收银员签字

三、判断题

1. 前厅部每日在接待客人时，需要填写各种类型的表格，只要填不错，字迹无关紧要。（ ）

2. 外宾办理入住时，签证过期也可以登记办理。（ ）

3. 外宾办理入住后，需要在24小时内上传客人信息到公安系统。（ ）

4. 为了给客人提供方便，表格中宾客签名的位置打印即可，无须客人亲笔签名。（ ）

5. 前厅部工作人员在填写表格时，可以按照自己的喜好，更改表格的样式。（ ）

参考答案

一、单选题：1. D 2. A 3. C 4. B 5. C

二、多选题：1. BC 2. BCD 3. ABCD 4.ABCD 5.ABCD

三、判断题：1. × 2. × 3. √ 4. × 5. ×

模块七

质量管理

前厅运营与管理需要不断提高前厅部的服务质量水平，在前厅的学习模块中，我们已经了解了前厅部主要岗位的操作标准和规范，本模块重点要求理解前厅服务质量标准的内容，理解提高前厅服务质量的要求。

任务18　服务质量标准认知

证书技能要求

1. 了解前厅服务质量标准的基本概念。
2. 掌握前厅服务质量标准的规范要求。
3. 能够按照前厅服务质量标准的规范要求，完成质量管理工作。

任务概述

服务质量是酒店生存和发展的生命线。酒店前厅部是给宾客留下先入为主的第一印象和离店前最后印象的地方，是酒店销售产品、组织接待、调度经营业务和为客人提供各种应接服务的综合性经营部门，是酒店展示形象的窗口，是决定酒店在宾客心目中整体印象的最关键部分，它是酒店经营的灵魂。本部分任务主要向学习者介绍酒店前厅服务质量的基本概念、前厅服务质量要求的特点、前厅服务质量标准的主要内容等。

学习内容

1. 前厅服务质量标准的概念。
2. 前厅服务质量的特点。
3. 前厅服务质量标准的内容。
4. 前厅服务质量管理基础。

知识准备

前厅服务质量是指前厅服务人员依托前厅部的设施设备，为宾客提供的服务在使用价值方面适合和满足客人物质和精神需要的程度。前厅部服务既要满足宾客生活的基本需要，即物质上的需求，又要满足宾客的心理需要，即精神上的需求。适合，是指为宾客提供服务的使用价值能够为宾客所接受和喜爱。满足，是指该服务的使用价值能够为宾客带来身心愉悦和享受，使宾客感觉到自己的愿望和期盼得到了实现。前厅部所提供的服务适合和满足宾客的程度越高，服务质量就越好，反之，服务质量就越差。

任务引入

一天凌晨 3 点 10 分，两位面容倦怠的客人来到前厅接待处。

"先生，您好，欢迎光临。请问需要什么房间？" 接待员微笑着询问。

顾客："我们需要一间普通标准间，快点快点困死了。"

接待员："我们有豪华标准双人间，498 元一套，还有普通三人间 588 元一间。"

顾客："我说过了要两间普通标准间。" 略显疲惫的客人不耐烦地说。

接待员："真对不起，标准间刚刚卖完，只有一间刚刚退房还没来得及清理，豪华标准双人间也非常适合你们，十分抱歉，楼层服务员现在正在清扫，请你们稍等片刻。"

顾客："不行，刚才机场代表告诉我们是有房间的！" 客人不禁皱起了眉头。

接待员："是有的但请稍等一会儿，我们马上清理出来，请您在大堂吧略坐片刻，我们会通知您的。”

客人看了看接待员，不悦地走向大堂吧。接待员赶紧催促客房中心立刻清扫普通标准间。15 分钟后，其中的一位客人来到接待处。

顾客：“小姐，到底有没有房间，我们坐了 3 小时的飞机，真的很累，想休息……”

接待员：“马上就好，请你们再耐心地等一会儿。”接待员连忙安慰客人。

客人又回到座位上，耐着性子等待。接待员立刻又打电话到客房中心询问有没有做好那间双人房，客房服务员却说：“有一间豪华标准间做好了，其他房间还没有。”

接待员：“你们在干什么呢，做房间那么慢，你们知道客人等得有多焦急。”

服务员：“房间总得一间间做吧，哪有那么快。”说完电话挂断了。

接待员无可奈何地放下话筒。

过了 15 分钟，两位客人再次走向接待处，七嘴八舌地高声责问接待员：“你们到底有没有房间？把我们骗到这儿，根本没房，我们不在你们这儿住了。”说完，便向门外走去。这时，大堂副理走了过来想留住客人，可没等他说话，客人就劈头盖脸地说：“你不用多说，我们已经在这里白等了半个多小时了。”说完便愤然离去。

任务分析

美国心理学家马斯洛把人的需要分为五个基本层次：生理需要、安全需要、社会需要、尊重需要、自我实现需要。客人来到酒店吃和住是最基本的生理需要，而当这一需要一而再、再而三地得不到满足时，不满的情绪就会油然而生，同时会给酒店带来很多负面的影响，客人这一次不愉快的经历，将影响他们再次进入该酒店。案例中出现的问题，说明该酒店在管理与服务上有漏洞。首先，机场代表在不了解酒店现实房态的情况下向客人许诺。我们常讲一句话是做不到的事情不要说，说了就一定要做到。无论从事管理或是服务，都必须做到这一点。机场代表在接机前，就应了解房态，答应了客人之后，更应该及时联系酒店做出安排，使客人抵达后能够顺利入住。其次，接待员处事不够灵活，从客人的第一句话“快点”开始，接待员就应该听得出客人的急切心理，在服务过程中，我们应急客人所急、想客人所想。当酒店一时满足不了客人的时候，要及时采取变通措施。再次，楼层服务员的不配合是最根本的原因。从服务员回答的口气里我们可以看出服务的意识与合作的态度是欠佳的。作为一名服务员，要明白自身的工作是服务，而不是与同事斗气。最后，大堂副理也有责任。大堂副理的责任是在营业部门经理下班或不在场的情况下，监管各营业部门的运作，处理非正常运作所引致的宾客投诉，处理酒店发生的意外事件或紧急事件，最终达到客人满意、酒店声誉不受损害的目的。案例中的客人已等候多时以至发脾气要离开了，大堂副理才姗姗出现，其行为是失职的。

在客人的潜意识里，他们普遍有一种要享受特权的愿望，这种特权表现在“我是客人，我需要你为我提供服务，我有权享受服务，我有权提出任何的要求”等。如果服务员用友好、热情的态度对待客人，客人的这种特权愿望就得到了满足，如果服务员没有微笑、表现得不耐烦或对客人的要求不理不睬，那么必然导致客人觉得没有享受到服务的权利。在这种情况下，任何一个小的服务过失，都会导致客人对服务的强烈不满，甚至有时让人感到小题大做。所以，酒店的管理者都把服务质量的管理当作酒店的生命线。

任务实施

要求：理解前厅服务质量标准的概念，学习前厅服务质量的特点，了解前厅服务质量标准的内容和前厅服务质量管理基础（见表 7–1）。

▲工具：酒店前厅服务质量文件、纸、笔

▲场地：模拟前厅

▲角色：老师进行内容的讲解，学生进行学习和模拟考试

表 7–1 前厅服务质量管理基础知识

步骤（Steps）	标准（Standards）	提示（Tips）
1. 学习前厅服务质量的内容	● 前厅服务环境的质量 ● 前厅服务设施的质量 ● 员工服务行为的质量 ● 宾客满意度感知倾向	● 员工服务行为包括：礼貌礼节、职业道德、服务态度、服务技能和服务效率 ● 影响宾客做出满意度评价的因素有：期望值和经验值，期望值小于经验值更容易获得满足感，反之，更不容易感到满足

续表

步骤（Steps）	标准（Standards）	提示（Tips）
2. 了解前厅服务质量的特点	• 构成综合性 • 内容关联性 • 人员依赖性 • 呈现短暂性 • 体验情感性 • 评价主观性	• 注意根据前厅服务的特点进行总结和分析
3. 掌握前厅服务质量标准的内容	• 服务程序 • 服务时限 • 服务设施 • 服务态度	• 前厅服务质量通用标准：凡是宾客看到的必须是整洁美观的；凡是提供给宾客使用的必须是有效的
4. 了解前厅服务质量管理的基础性任务	• 收集服务评价信息 • 制定服务项目规程 • 开展服务质量教育	• 服务信息收集要全面、客观 • 服务规程能使前厅服务工作规范化、系列化、系统化，是服务执行的标准 • 服务质量教育要做到全员、全覆盖
5. 了解前厅服务质量控制的特点	• 全方位 • 全过程 • 全员参与	• 理解全方位、全过程和全员参与的含义和管理意义
6. 掌握前厅服务质量控制的环节	• 事前准备阶段的检查 • 事中服务过程的控制 • 事后服务质量的反馈	• 服务过程的控制包括层级控制与现场控制

拓展知识

服务行业的人大都知道 Service（服务）一词的英文解释：S——Smile（微笑），E——Excellent（出色），R——Ready（准备好），V——Viewing（看待），I——Inviting（邀请），C—— Creating（创造），E——Eye（眼光）。但是，从另外的角度来看，Service 一词也可以有新的解释。

从宾客角度出发：即客人想追求的东西或者想要得到的享受。

S——Safe（安全）。客人来酒店消费，首先追求的是一种安全感，包括：基本的人身安全、心理感受上的安全感和隐私安全等。

E——Ease（舒适）。客人花钱到高档酒店消费，自然想要追求一种舒适、轻松的感觉。

R——Recreative（娱乐、休闲）。宾客不仅追求吃好、玩好，更追求一种全身心的享受。

V——Vale（价值）。不仅仅是物有所值，更应是物超所值。

I——Impartial（公平、平等）。对所有的消费者提供一视同仁的服务。

C——Characterful（特色）。满足宾客求新、求异的消费需求。

E——Esteem（尊重）。人在满足了低层次的需求后，会转而产生更高层次的需求。

从酒店角度出发：酒店为了达成综合效益的最大化，必须从客人的角度出发，完善酒店的服务功能，从这点来说，服务有如下的含义。

S——Sanitary（卫生）。将提供卫生的饮食和环境视为最基本的服务。

E——Economy（节约）。厉行节约、增收节支应是每一位酒店从业者时刻需要重视的问题。

R——Rapid（快捷）。酒店服务人员应时刻保持灵敏的反应，为客人提供最快捷的服务。

V——Veracity（诚实）。诚实经营是酒店经营者应遵循的基本原则。

I——Impassioned（热情）。为家人提供最具亲情化的服务，使酒店成为宾客的家外之家。

C——Canvass（招徕）。做好全员、全方位的营销。

E——Excelsior（精品）。时刻树立精品意识，为客人提供最为完美的服务。

模拟实训

以观察者身份参与“对客服务”模块的模拟实训，对员工的服务过程进行评价，与宾客进行交流，提出服务质量改进方案和建议。

任务考核

一、单选题

1. 为宾客提供服务的使用价值能够为宾客所接受和喜爱称为（　）。

A. 适合　　B. 满足　　C. 开心　　D. 需要

2. 服务的使用价值能够为宾客带来身心愉悦和享受，使宾客感觉到自己的愿望和期盼得到了实现，这个概念称之为（　）。

A. 适合　B. 满足　C. 开心　D. 需要

3. 前厅部所提供的服务适合和满足宾客的程度越高，服务质量就（　）。

A. 越好　B. 越差　C. 越无意义　D. 越难以评价

4. 同样的服务，不同的宾客会有不同的感受，这说明前厅服务质量的评价具有（　）。

A. 主观性　B. 客观性　C. 不确定性　D. 不可衡量性

5. 下列关于前厅服务质量表述正确的是（　）。

A. 提高服务质量水平是管理人员的事

B. 提高服务质量水平是质检人员的事

C. 提高服务质量水平是一线员工的事

D. 提高服务质量水平需要全员参与

二、多选题

1. 前厅服务质量的内容包括（　）。

A. 前厅服务环境的质量　B. 前厅服务设施的质量

C. 员工服务行为的质量　D. 宾客满意度感知倾向

2. 前厅服务质量标准的内容包括（　）。

A. 服务程序　B. 服务时限　C. 服务设施　D. 服务态度

3. 前厅服务质量控制的特点包括（　）。

A. 全过程　B. 全方位　C. 全员参与　D. 全表格

4. 前厅服务质量管理的基础性任务包括（　）。

A. 收集服务评价信息　B. 制定服务项目规程

C. 购买对客服务设备　D. 开展服务质量教育

5. 前厅服务质量控制的环节包括（　）。

A. 事先任务命令的发布　B. 事前准备阶段的检查

C. 事中服务过程的控制　D. 事后服务质量的反馈

三、判断题

1. 员工服务行为包括礼貌礼节、职业道德、服务态度、服务技能和服务效率。（　）

2. 影响宾客做出满意度评价的因素有期望值和经验值。（　）

3. 服务信息收集要全面、主观。 ( )

4. 服务过程的控制包括层级控制与现场控制。 ( )

5. 服务质量教育要做到全员、全覆盖。 ( )

参考答案

一、单选题：1. A　2. B　3. A　4. A　5. D

二、多选题：1. ABCD　2. ABCD　3. ABC　4. ABD　5. BCD

三、判断题：1. √　2. √　3. ×　4. √　5. √

项目策划：段向民
责任编辑：张芸艳
责任印制：孙颖慧
封面设计：武爱听

图书在版编目（CIP）数据

前厅运营管理 ：初级 / 北京首都旅游集团有限责任公司主编. -- 北京 ：中国旅游出版社，2021.9
1+X职业技能等级认证培训教材
ISBN 978-7-5032-6791-8

Ⅰ. ①前… Ⅱ. ①北… Ⅲ. ①饭店－商业管理－技术培训－教材 Ⅳ. ①F719.2

中国版本图书馆CIP数据核字(2021)第197029号

书　　名：前厅运营管理（初级）

作　　者：北京首都旅游集团有限责任公司　主编
出版发行：中国旅游出版社
（北京静安东里6号　邮编：100028）
http://www.cttp.net.cn　E-mail:cttp@mct.gov.cn
营销中心电话：010-57377108，010-57377109
读者服务部电话：010-57377151
排　　版：北京旅教文化传播有限公司
经　　销：全国各地新华书店
印　　刷：三河市灵山芝兰印刷有限公司
版　　次：2021年9月第1版　2021年9月第1次印刷
开　　本：720毫米×970毫米　1/16
印　　张：14.25
字　　数：245千
定　　价：49.80元
ISBN　978-7-5032-6791-8